座談会
世界史の中の安倍政権

南塚信吾・小谷汪之・木畑洋一――編著
伊集院 立・下村由一・藤田 進・三宅明正・百瀬 宏――著

日本経済評論社

読者の皆さんへ

歴史研究者が今日の問題に対して発言するのは、ちょっと珍しいと思われるかもしれません。しかし、私たち歴史研究者は、今日生じている諸問題について、どう対応すればいいのでしょうか。

私たちは、何をすべきかいろいろと考えました。そして、もちろん街頭に出て行動することも必要でしょうが、やはり歴史研究者としての「本分」に照らして問題を論ずることが必要なのではないかと考えるに至りました。歴史研究者ではない方々が現在の諸問題を歴史的に論じておられるのは、もちろん歓迎すべきことですが、歴史を研究する者が今日の問題をも歴史的に論じなくていいのだろうかと思いました。振り返ってみると、私たちの先輩に当たる歴史研究者たちも、それぞれの時代の現実の問題について、歴史的観点から活発に論じておられたように思うのです。歴史を研究する者は、現状について、単に事実を並べるだけでなく、歴史的な展望の下でその事実を論ずることができるはずです。真の意味での「現在と過去の対話」を行うことができるはずなのです。

歴史を研究している者の「直観」として、現在の安倍政権は、日本だけではなく世界的に見て、一つの歴史的転換期を体現しているのではないかと思われます。歴史を研究する者として、安倍政権の歴史的位置付けをできるだけきちんとやっておきたい、そうすることによって国民の安倍政権に対する見方の幅を広げるのに役立つことができるかもしれない、そう考えました。そのためには安倍政権を、いわゆる「日本史」の中で考えるのではなく、日本をも含めた世界史の中で考える必要があると思うのです。

その理由は、座談会の中で明らかにしていくはずです。

では、なぜ座談会の形式をとったのでしょうか。一つには、安倍政権という現実は多面的なので、世界史的に考えるにもいろいろな視角から論ずる必要があるのです。それには座談会がよいと思われます。第二に、安倍政権を後世からじっくり歴史的に研究して、学術論文や学術書として発表するというのでは、「間に合わない」と考えました。私たちは、現在の問題のすべてを学術的に研究していなくても、歴史研究者の「地力」というか「センス」によって、現状を論ずることができるはずなのです。その点でも座談会がよいのです。

はじめは座談会の成果は、ネット上にアップすることを考えていましたが、各方面の意見により、出版を考えるようになりました。活字にするということは、それだけ発言に責任を持つということであり、本にするほどの持続的な努力を示すということであり、ネット上の情報よりも社会に対してより「短期的ではなく」アピールできると考えたからです。

読者の皆さんが私たちと一緒に「座談」に加わってみてくださると幸いです。

（南塚信吾）

目次

読者の皆さんへ　i

世界史の中の安倍政権〔第一回座談会〕……1

発言者：南塚信吾／小谷汪之／三宅明正／下村由一／藤田　進／百瀬　宏／伊集院立／木畑洋一（発言順）

司　会：南塚信吾／小谷汪之

はじめに　3

Ⅰ　安倍政権誕生の世界史的背景……6

1　安倍政権は特異な存在か？　6

2　「不安」と「焦燥」の時代状況　12

3　安倍政権は登場すべくして登場した？　17

Ⅱ　安倍政権の歴史認識を世界史的展望で考える……20

1　第二次世界大戦・集団的自衛権・侵略　20

日本にとっての第二次世界大戦　20／集団的自衛権の歴史　25／「侵略」とは？　30

2　戦争責任と東京裁判　38
戦争責任について　38／東京裁判について　40／「戦後レジームからの脱却」とは？　45
3　歴史教育について　51
歴史教育への介入　51／「歴史認識」の時代性　54

Ⅲ　安倍政権の政策は世界史的にどう位置付けるべきか……57
1　「積極的平和主義」　57
2　軍事政策と原発政策　61
3　領土問題　69

Ⅳ　世界史の中の安倍政権――総括的討論……77
1　「戦後レジーム」を越えてどこへ？　77
2　ナチズムとの比較　82
3　近代国家体系から安倍政権を考える　84
4　政治的不寛容の行く末　88
5　世界史上の諸「理念」の横領　91
6　情報操作・世論操作の問題　94

第一回座談会を終えて……南塚信吾　100

世界史の中の安倍政権〔第二回座談会〕……111
発言者：南塚信吾／小谷汪之／百瀬　宏／伊集院立／木畑洋一／三宅明正／藤田　進（発言順）
司　会：南塚信吾／小谷汪之／木畑洋一／三宅明正
はじめに――第一回座談会後の展開　113
Ⅰ　「戦後的なもの」への反発――世界史的視点から安倍政権を考えると……117
1　「戦後的なもの」とは？　117
2　「戦後的なもの」への反発――世界史的展望　125
戦後世界体制そのものに対する反発　126／「戦後的価値」に対する反発　140
3　安倍政権における「戦後的なもの」への反発の特質　151
Ⅱ　集団的自衛権について……161
1　集団的自衛権と国際連合　161
2　実行された集団的自衛権　167
Ⅲ　選挙と民主主義……175
1　選挙と議会制民主主義　175

2　操作される選挙　180
3　オルタナティヴはあるか？　184
4　選挙と主権　189

Ⅳ　情報化社会と安倍政権 …… 193
1　情報化社会の中の人間　194
2　情報操作・世論操作　199
3　安倍政権の情報政策　205

第二回座談会を終えて …… 小谷汪之　213

あとがき　219

世界史の中の安倍政権〔第一回座談会〕

発言者：南塚信吾／小谷汪之／三宅明正／下村由一／藤田　進／百瀬　宏／伊集院立／木畑洋一（発言順）

司　会：南塚信吾／小谷汪之

（二〇一四年一一月二日、世界史研究所会議室にて開催）

はじめに

南塚　座談会を始めるに当たって、なぜ「世界史の中の安倍政権」を問題にするのかということについて、簡単に問題提起しておきたいと思います。

私たちは、安倍政権を理解するには世界史の中で考える必要があると考えています。この政権を日本史の枠内で考えていては、その独自性と普遍性がわからないと考えるからです。では、その「世界史の中で考える」というとき、どういうことを念頭に置いているのかというと、一つには、安倍政権は、世界史の中の一つの産物であるということ、今一つは、安倍政権は世界史の動きに何らかの影響を及ぼすのではないかということです。

具体的にいえば、

①安倍政権は世界史の中の一定の「政治思考」を取り入れているのではないか

②それは世界史についての一定の見方（世界史観）をイデオロギーとしていて、日本特有の政治現象ではなく、世界的な政治の現れとしてみることができるのではないか

南塚信吾

③安倍政権は、世界史の中でこれまで生み出されてきたいろいろな「概念」「理念」を「勝手な」方向で取り込んでいるのではないか

④安倍政権は、世界史の中で変化してきた「歴史認識」のあり方の一つを体現していると考えられるのではないか

⑤安倍政権の政治が世界史に一定の影響を与える可能性があるのではないか

といったことが挙げられます。このほかにもあり得るのですが、さしあたり以上のようなことを念頭に置いて、「世界史の中の安倍政権」という問題を提起した次第です。

改めて確認する必要もないかと思いますが、今回は、「安倍政権」として現れてくるものを考えることが第一です。安倍晋三個人の「思想」や「思い」や「心情」と安倍政権とは区別すべきではありますが、安倍政権の思想や政策は安倍晋三個人に強く影響されていると考えられるので、安倍晋三個人の「思想」や「思い」や「心情」には必要な限りでのみ立ち入ることとしたいと考えます。いずれにせよ、安倍政権のイデオロギーや政策を、あくまで「世界史」の中で考えるというスタンスを堅持していただきたいとお願いします。

では、座談会の前半は小谷さんに進行をお願いし、後半を南塚が担当いたします。

I 安倍政権誕生の世界史的背景

1　安倍政権は特異な存在か？

小谷　はじめに、参加者の皆さんから、安倍政権誕生の世界史的背景について、考えているところを自由に語ってもらいましょう。三宅さんからお願いします。

三宅　私は、今の安倍政権が現在の世界の中で、「とんでもない」政権だとは思っていなくて、今日の不安定さの中ではどこにでも出てくるような政権の一つではないかと考えています。世界共通の要素をまず考えるべきでしょう。安倍政権だけが強烈な方向性を持っているとは必ずしも思えません。

私は、二〇一〇年代に入る頃から「歴史のとらえ直し」が世界各地で進んでいるのではないかと考えています。例えばワシントンDCの国立アメリカ歴史博物館の展示は、大改装で最奥の部屋の表語が"A More Perfect Union"から"Fighting for America"に変わりました。9・11[*1]の影響があったとはいえ、自省的な展示は公民権関係を除いて大幅に後退しています。

ロシアではクリミア半島併合（二〇一四年二月—）が歴史的に正当なものであるという主張が広がり、支持を得ているとされています。一時期、内容の多様化が見られた中国の歴史教科書も、近年政府の強い締め付けを受けて、政権の正統化に向けた愛国教育をさらに強めているようです。日韓双方で、歴史を題材にして対立をあおることで政権が求心力を強めたり、またそうした宣伝物が極端に売れるということも、基本的には近年の特徴でしょう。少なくとも二〇〇九年末から一〇年頃はそうではありませんでした。一九九〇年前後に広がった、各国各地域における歴史の自省的な見直し[*2]——「謝罪ラッシュ」と一部の人々から呼ばれ、日本もこうした流れの中にあった

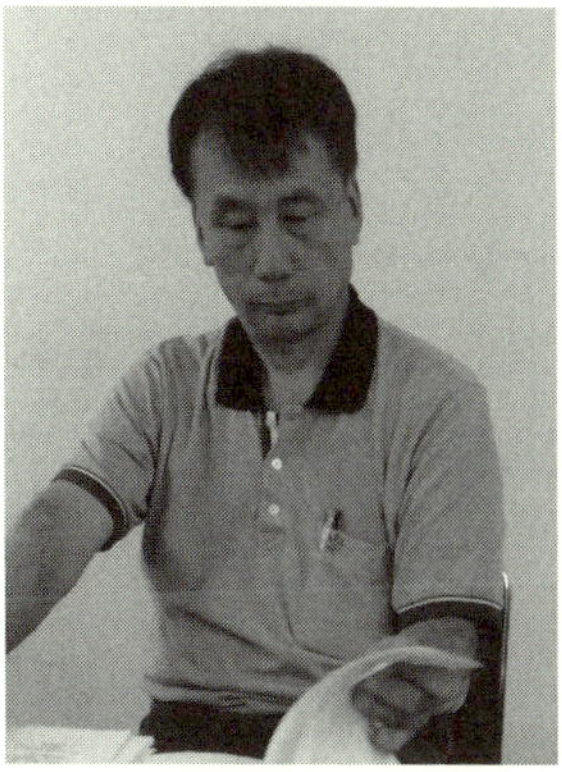
三宅明正

*1　二〇〇一年九月一一日に起こったアメリカ同時多発テロ事件のこと。ニューヨークの世界貿易センター・ビル二棟がハイジャックされた航空機の激突により崩壊し、アメリカ国防総省も標的とされた。

*2　一九九〇年前後、世界各地で自国や自民族の歴史を自省的にとらえようとする動きが強まった。アメリカ政府による第二次世界大戦期の日系人強制収容に対する謝罪や、ソビエト政権によるカチンの森事件への遺憾の意の表明をはじめ、同種の見直しは世界各地で見られた。背景にあったのは、歴史学者や歴史教育者の努力と彼らの国境を越えた協力に加えて、冷戦終結で従来抑えられていた主張の表面化があった。

――への反発は、右翼的歴史修正主義[*1]といわれる勢力の台頭をもたらしましたが、今日の「歴史のとらえ直し」はより深刻で、単なる反発や一過性のものではないと思われます。

安倍政権とそれを支持する風潮には、世界に共通する背景があると考えられます。そうした背景として一般的にいわれるのは、グローバル化とそれに伴う経済、特に雇用と生活の不安定化です。経済的・社会的な格差の進行は、先進国でも新興国でも広がっている。こうした事態はアメリカのウォール街オキュパイ運動[*2]の背景でもあり、ごく最近の台北や香港の学生運動の背景も同様と思われます。その意味ではこうした背景自体は両義的ですが、「歴史のとらえ直し」は、もっぱら他国、他勢力、他者への激しい攻撃という文脈で行われています。

先進国の経済的問題はおそらくは短期の不況ではなく長期の停滞であって、日本の場合、新興国、特に中国の台頭に強い反発がある。中国たたきや韓国たたきでも、「あの経済はもうすぐ破綻する」といった論調が、手を変え品を変えて現れています。

自分たちは「ずるく立ち回る」他者によって不当におとしめられているという感覚が強まっています。自分たちとその次の世代が、より悪くなる

＊1　歴史修正主義の原語は revisionism で、もともとは主流的な見解に対する重大な修正を唱えることである。右翼的歴史修正主義は、自国や自民族、みずからの宗教の歴史を盲目的に礼賛する傾向を持ち、いわゆる原理主義と親和性を持つ。右翼的歴史修正主義の台頭は新自由主義の広がりに伴う社会の不安定化に起因する。

＊2　二〇一一年九月、リーマン・ショック後の不景気に対して有効な対策を打ち出せないでいたアメリカ政府に対する、若者を中心とする抗議活動。ニューヨークで始まり、ウォール街の占拠を掲げた。

ことへの危機感は特に強い。マイノリティへの攻撃は、自分たち多数派の原資が彼らに奪われているという感覚に支えられています。生活保護バッシングや在特会[*3]（在日特権を許さない市民の会）の活動が典型的でしょう。

こうした状態にどのように対応していくか、歴史学には歴史的な見通しに基づいた発想や対応が求められているように思います。例えば、歴史教科書の選択における日本の地方行政の「暴走」などにも、中央政府に対する地方政府の離脱という側面が見られるというように。これを、特に東アジアという地域のレベルで進めていく必要があります。

小谷　「歴史のとらえ直し」の問題は今日の中心問題の一つになりますね。

下村　昨今の状況について、私もさほど奇異なことが起こっているのだとは思いません。ただ、この国はおよそ古典的な自由主義[*4]を経験することなく、いまや「新自由主義」に呑み込まれようとしています。これに対抗するためのよりどころとなる思想を、われわれは持っていないかのようです。考え得る一

下村由一

＊3　八四頁の注1を参照。

＊4　個人の自由を集団や国家より重視する思想で、アメリカ独立宣言（一七七六年）やフランス人権宣言（一七八九年）などに典型的に表現された。一九世紀には欧米の支配的思潮となった。

つの対抗原理として、社会民主主義を挙げることができるかもしれませんが、この思想がこれまでついに根付くことのなかったこの国で、しかも、組織された労働者階級のない現状では、しょせんそれは強力な潮流を形成するには至らないでしょう。

現状をナチス政権成立期のドイツと対比して考えようとする人もいるようですが、それはほとんど意味を持たないと思います。ナチス政権による暴力的支配確立は、組織された労働者階級とその政治勢力としての社会民主党と共産党を粉砕し、抑圧するためにこそ不可避となったからです。今この国では、むき出しの暴力と恐怖による支配はもはや必要とされていません。すでにメディアを通じての「世論」創出とその操作の結果、ほんのわずかな脅しだけで批判的な言論は容易に封殺されているように見えます。

藤田　私も、安倍政権が世界的に見て特異だとは思いません。世界的長期不況下での「アベノミクス」と称する経済政策は、円・株価の乱調に日銀の介入で対処しながら輸出産業を軸に景気を浮揚させようとするもので、それは自動車産業や投資家に大きな利益をもたらした反面、国民に対しては、非正規雇用の拡大、賃金の低迷、財源逼迫を理由とした公共サービスの削減、税負担の拡大等々を押し付けて、将来的な生活不安を一層深めることになりました。マネー利益を最重視するやり方は新自由主義経済の手法であり、先進諸国にも共通しています。

しかし、安倍政権の異様さは、東日本大震災による津波・原発爆発事故被災者の多くが「難民化」し、また経済的に行きづまり、インターネット・カフェや路上で生活したり、行路死する人々が著しく増えているというのに、マネー利益の拡大のために原発や兵器の輸出促進に取り組んでいる姿勢に現れています。

戦後日本は、米ドルと石油供給に支えられて朝鮮戦争特需景気で経済復興をとげ、アメリカ市場とベトナム戦争特需向けの輸出によって高度経済成長を実現し、「五五年体制」と称する自民党長期政権は、所得倍増、年金制度や社会福祉制度の確立を通じて国民に「戦後の平和」を実感させました。だが一九七〇年代初頭、アメリカ経済の大幅な衰退と中東石油価格の急騰によって世界経済は大不況に陥り、アメリカが国際金融に基づくマネー利益重視

藤田　進

の新自由主義経済へ移行する一方、日米安保体制下での日本の負担増を求め始め、対米従属下で恩恵に浴してきたことのつけに日本政府は直面しました。国営企業の民営化、および企業内労使協調路線による大幅な合理化と生産性の向上による不況打開策を政府は打ち出し、それに伴って「資本の要請に応える人間像」にそった人材の育成が学校教育方針として重視されました。

　こうして八〇年代以降の日本の高度経済成長は、労働者の諸権利の制限と過重労働を土台にして維持され、個々の労働者は賃金の向上と引き換えに「管理されたサイレント・マジョリティ」と化していく。そして九〇年代以降の世界的長期大不況の中に投げ出された彼らは、失業するよりはマシだとして、劣悪な労働条件で悲惨な姿で働いています。安倍政権の国民無視の政権運営が、かつての自民党政権担当者たちからも批判される所以です。

2　「不安」と「焦燥」の時代状況

小谷　では、百瀬さんどうぞ。

百瀬　私が親しく指導を受けた歴史家江口朴郎氏がよく言っておられたことなのですが、「状況が不安になると何となく皆集まるものだ」と。歴史の重大な節目が来ているように思えるのだけれども、研究仲間がどうそれを考えているのか、意見を交換して自分の見方を確かめたい、ということなのだと思いますが、それは、どうも第二次世界大戦（一九三九－四五年）に入り込んでいく一九三〇年代の回顧談だったのではないか。言論の自由もすっかり取り締まられている状況下での、歴史学関係の研究仲間の実情を回顧した話ではなかったかと思うのです。今日の座談会のお知らせを受けて、私は、ごく自然に、この言葉を思い出してしまったのです。皆さんが歴史研究者として今の状況をどのように受け止めておられるのか、それを知りたい、という気持ちに駆られてやってきた、というのが本音です。

百瀬　宏

私の不安の根源にあるのは、安倍政権登場以来のわが国の諸状況です。①とんでもない方向が見えかくれしているが、②それにもかかわらず、どこへ行くのか不明であるという二つのことがないまぜになって、不安な気持ちを引き起こしています。安倍首相にも、危ないと思うような信念を語るかと思うと、現実にぶつかるとたちまち軌道修正的な言動をとる、というわけのわからない面があります。

しかし、その反面で、明快なこともあると思います。それは「冷戦の終焉」以降の時代だということです。このことを、最近、非常にはっきり認識させられたことがありました。ヘルシンキ大学の史学科のある准教授がおもしろいことを言っていました。彼は、第二次世界大戦中のフィンランド・ドイツ関係を事例として、今まで言われてきた「フィンランド例外論」は間違いだ、そのことは彼が発掘したフィンランドの「特高警察」のユダヤ人虐待加担記録から証明できるというのですね。要するに、フィンランドは、やがてドイツと組んでソ連と戦争をすることになりましたが、その際に、フィンランドだけはユダヤ人虐待に「例外」的に手を染めなかったという説は間違っていることがわかった、と言うのです。細かい点では異論がありますが、私が注目したいのは、ヨーロッパ史を考え、さらに世界史を考えたときに、フィンランドだけ「例外」という観念はおかしいだろうという、その発想なのです。

その際、ふと思いついたのが、しばしば肯定的に語られる「日本例外論」でした。「冷戦の終焉」を受けた知的活動をアジア史や世界史の中でしていかなければならないのに、特に安倍政権の登場以来、「美しい日本」という言葉の波及効果として、日本の特徴は美しさだ、といった感性的な「日本例外論」に世論が引きずられていくような危なさが感じられてならないのです。

小谷　本当に安倍政権の感性的な日本論は危険ですね。では、伊集院さんはどうですか。

伊集院　私は、安倍政権は、二〇〇一年からの二一世紀初頭の世界史的状況の中で登場していると考えます。これを二つの側面からとらえたい。

伊集院立

一つ目は、グローバルな問題として、9・11への反撃としてブッシュ政権が開始したアフガン戦争とイラク戦争から生じている戦争観と主権国家観[*1]の変容という側面です。安倍晋三・岡崎久彦『この国を守る決意』[*2]では、世界の中の

*1　近世のヨーロッパにおいて、カトリック教会や神聖ローマ帝国から自立して、一定の領域とそこに住む住民に対する支配権（主権）を内外に認められた国家を主権国家といった。一六四八年のウェストファリア条約を経て確立した体制がそういう国家からなるヨーロッパをはじめて相互に認め合った。この時期には主権の所有者は君主であったが、市民革命を経て国民となった。そのような国家が近代において世界全体に広がったのである。

*2　扶桑社、二〇〇四年。

日米同盟、日米安保条約による絆が繰り返し強調されています。この「同盟関係を世界のあらゆる場面で生かしていくことです。米国との力強い同盟関係を、世界で日本の国益実現のテコとすることでもあり、国際社会の協力構築にも資することに」なると、安倍氏は言っています。そして、これは一九〇二年の日英同盟に比定されているのです。しかし、日英同盟は、イギリスがボーア戦争でその力を東アジア（その中心は中国の義和団）に割くことができないため、日本の軍事力を利用して締結したことが、ドイツの外交文書集『グローセ・ポリティーク』[*1]にも示されているのです。そういう見方からすると、現在の日米同盟は、中国の強大化に対応し、さらには西アジア・アフリカにおける影響力の強いイスラム勢力の台頭に対する抑止力の構築という意味を持つと思われます。そのためには、集団的自衛権の導入は避けて通れないと考える勢力にこたえるために安倍政権は登場したと考えられます。

二つ目には、東アジアにおける国際状況の急速な変動に対する日本のナショナリズムのあり方という側面です。二〇一一年、中国は国内総生産（GDP）で世界第二の経済大国になりました。これは、一九六八年に旧西ドイツを抜いて世界第二位になった日本の自負を大きく傷付けることで

＊1　Lepsius, Johannes, Albrecht Mendelssohn Bartholdy und Friedrich Thimme (hrsg. von), *Die Grosse Politik der Europäischen Kabinette 1871-1914: Sammlung der Diplomatischen Akten des Auswärtigen Amtes im Auftrage des Auswärtigen Amtes*, Bd. 17, Deutsche Verlagsgesellschaft für Politik und Geschichte, 1924.

した。二一世紀に入り、日本国内で「維新」を掲げる政治勢力が人気を博したのも、明治維新、戦後経済の発展に次いで、二一世紀には第三の「維新」を実現し、中国に追い抜かれた「屈辱」を挽回しようとの社会的期待の反映でしょう。安倍政権はこういう期待を背景に登場したものといえます。

小谷　確かに経済面で中国に負けているという屈辱感あるいは焦燥感は、社会的に広がっていて、その受け皿が安倍政権だということはいえますね。

3　安倍政権は登場すべくして登場した？

小谷　では、最後に南塚さん。

南塚　私は、安倍政権は一九八〇年代に始まった「世界史の新段階」の産物であると考えています。それはグローバリゼーション、情報革命、新自由主義に表象される時代です。

二〇一三年に刊行された安倍晋三『新しい国へ』[*2]を読めば、安倍氏が、八〇年代に活躍したイギリスのサッチャー首相やアメリカのレーガン大統領に強くひかれていることがわかります。二人の時代はちょうど安倍氏が

＊2　『美しい国へ』（文春新書、二〇〇四年）の「完全版」。文春新書、二〇一三年。

三〇代のことですね。彼は、二人のネオ・リベラリズム（新自由主義）とその権力至上主義政治（「力の政治」）に共鳴しています（そしてサッチャーの先輩としてのチャーチルも尊敬しています）。特に、レーガンの「力の政策」がソ連を崩壊させ、冷戦を終わらせたと見ていて、力の政策で世界の平和と安定を求めるという点に、強く共感しているわけです。サッチャーもレーガンも「新自由主義」と同時に「新保守主義」という面があり、家族や伝統社会や道徳の重要性を強調しているわけですが、この点にも安倍氏は共鳴しています。当然のこととして、この二人の後を継いだ二〇〇〇年以後のブッシュ大統領期（二〇〇一―〇九年）の「ネオコン」[*1]にも強く共感しているわけです。これは安倍氏の四〇、五〇代のことです。

実は、これにさらに追加するものがあると私は考えています。それは「戦後体制の否認」です。安倍氏には、第二次世界大戦の終わり方・責任の取り方への強い不満があります。こういう戦後体制への不満をモチベーションにして台頭した典型的な政治家はヒトラーですが、実はレーガンもそうなのです。レーガンはベトナム戦争に負けたアメリカをそのトラウマから脱却させようとしたわけです。「強いアメリカ」とは、そういうアメリカへの対案なのです。ただ、安倍氏の場合、「戦後体制の否認」ののち

＊1　ネオ・コンサバティズム（新保守主義）の略語。アメリカにおいて一九七〇年代から広がった保守主義で、左派的でリベラルな人々が転化して形成した点が伝統的保守主義と異なる。

どこへ行くかというと、それは「戦前体制」の美化にしか行かないわけで、それが「美しい国、日本」の中身なのです。

ところで、一九八〇年代からグローバリゼーションといわれる事態が始まってきていますが、「新自由主義」および「新保守主義」という潮流とグローバリゼーションの関係は必ずしも明確ではない。とはいえ、「新自由主義」と「新保守主義」は規制緩和政策、「市場原理」重視政策、国際的金融資本の展開するマネー経済の活用、そして、IT革命による情報化の取り込みによって生き続けているわけです。これはレーガンらの追求した路線であって、安倍政権はまさにそのラインを引き継いでいるのです。

こうして、基本的にはいろいろな意味で、安倍政権は「一九八〇年代」以後の世界史の産物であるといえるのではないかと思います。

小谷　安倍政権誕生の世界史的背景を考える場合、それを一九八〇年代からの変化に置く意見と、二〇〇〇年以後の世界史に見る人と、二〇一〇年代の動きに重点を置く人と、三様になっているようですね。それぞれに根拠はあると思うのですが。

II 安倍政権の歴史認識を世界史的展望で考える

1 第二次世界大戦・集団的自衛権・侵略

日本にとっての第二次世界大戦

小谷 最初に、百瀬さんから、第二次世界大戦をちょっと長い歴史的射程でとらえるとどうなるかということで、お願いします。

百瀬 第二次世界大戦の原因をどう考えるかという問題に注目したいと思います。極東国際軍事裁判（東京裁判）によって、一九三一年九月の満州事変以来の日本の侵略戦争の指導者たちが断罪されたという事実をどう考えるかですが、それは日本のポツダム宣言受諾の結果だから当たり前という風潮だったのが、だんだんとあの判決には無理があったということになっていった。しかも、それが、数名の「専門研究者」による思考のゲームというか遊びのようなものになってきて、それなら「どうでもいいじゃないか」という感じにすらなってくる。その一方で、国際的には、国家間の対話も行われないままに、国内では靖国問題がどんどん内訌していくという、大変に悪い状況が生まれていると思います。

日本の戦争へのかかわり方の問題は、もっと広い歴史的背景の下で考えなければならない、と私は思っております。今年は、第一次世界大戦（一九一四－一八年）勃発一〇〇周年なのですが、第一次世界大戦では、日本は戦争らしい戦争もしないままにドイツ領だった山東半島の青島と南洋群島を手に入れた。お義理で地中海に駆逐艦を派遣しただけで、戦勝国として、パリ講和会議に、五大国[*1]の一つとして連なった。

ペンシルヴァニア大学の准教授で日本史研究者のフレデリック・ディッキンソンという人がいます。「大正デモクラシー[*2]」の再評価を行って日本の読書界で話題をまいているようですが、その人が、日本は第一次世界大戦から戦争の恐ろしさを何も学ばなかった、そのことが対中国戦争、米英との対立、第二次世界大戦への道に直結したという主張をしているのです。靖国神社の遊就館についても、耳の痛い話をしています。ディッキンソンは、およそ戦没者を悼む施設が、遊就館のように武器を飾ったり、過去の

＊1　アメリカ、イギリス、フランス、イタリア、日本の五カ国。

＊2　日本の大正期に現れた民主主義を求める傾向をいう。日露戦争までの軍閥・官僚閥の政治独占を否定し、吉野作造らが民本主義を唱え、美濃部達吉らが天皇機関説を説いた。ただ、運動としては不十分で、また対外的には帝国主義を唱えたので、その評価はわかれる。

戦争を賛美するような展示を行っているのは驚きだ、と言っているのです。第一次世界大戦で戦争の恐ろしさを体験しないで、アメリカと決定的に対立したことが、日米戦争の路線を敷いていくことになった、というのですね。

下村　戦争終結にかかわる重大な事実の研究が、歴史家の「遊び」になっているという指摘はもっともですね。第一次世界大戦にせよ第二次世界大戦にせよ、広いアジア的視野の中で考えなければ「遊び」になってしまう危険性があるということです。

小谷　戦争の終り方について、下村さん、さらにどうですか。

下村　日本による戦争放棄は、天皇制の維持と抱き合わせで憲法（第九条）に組み込まれたといえます。そのおかげで、天皇の戦争責任を追及することが妨げられ、結果として、この国は戦争責任そのものを徹底的に考え抜くことなく、ここまできてしまった。

今、国際的な水準から見て、日本がたいていの国家と対抗できるだけの軍事力を備えていることを疑う人はいないでしょう。今はじめてこの国が戦争のできる国になろうとしているわけではないのです。一九四五年以前の天皇制が復活するとは考えにくいが、それでも結局、天皇制により統合された国民が立派な軍隊を持ってしまっていることは間違いありません。この事実を私たちはどう考えるべきでしょうか。日本国憲法第九条の規定はほとんど意味を失いつつあります。そもそもこの原理を堅持することにどのような意味があるのかを、改めて考えてみる必要があるのかもしれません。

安倍政権は、戦後確立されてきた国際的な概念をすり替え、すべて破棄しようとしています。第二次世界大戦の教訓として国際社会が獲得したはずのさまざまな原理が、「テロとの戦い」というスローガンの下で踏みにじられています。集団的自衛権の意味しかり、侵略戦争の定義しかり、というべきでしょう。集団的自衛権についていえば、国連憲章にいう集団的自衛権、そして一九五五年の第一回アジア・アフリカ会議[*1]（バンドン会議）で再確認された集団的自衛権は弱小国の連帯の原理であったが、いまや強大国との軍事的連携に転化させられています。侵略戦争についていえば、アメリカが侵略戦争の定義を踏みにじりましたが、いずれ日本もそうするでしょう。

小谷　今、下村さんから出された問題、つまり憲法第九条と天皇制の問題について、どなたかどうでしょうか。

＊1　一九五五年四月、インドネシアのバンドンで開かれた歴史上初のアジア・アフリカ諸国の首脳会議。二九カ国が集まり、日本も参加した。インドのネルー首相やインドネシアのスカルノ大統領らが主導、「平和十原則」などを採択。「平和十原則」において、基本的人権と国連憲章の尊重、すべての国の主権と領土保全の尊重、大小すべての国の平等、他国の内政不干渉などとともに、国連憲章による単独または集団的な自国防衛権を尊重すること、集団的防衛を大国の特定の利益のために利用しないこと、そして、侵略または侵略の脅威・武力行使によって、他国の領土保全や政治的独立をおかさないこと、国際紛争は平和的手段によって解決することをうたった。

三宅　問題にすべきは、むしろ憲法第九条と昭和天皇の問題ではないでしょうか。日本で昭和天皇の戦争責任を問わないことは、世界的に不思議に思われている。オーストラリアやヨーロッパでは特にそうでしょう。昭和天皇の責任を問わないのは、岸信介をはじめ、戦時中の体制を積極的に担った人々を救うためではないでしょうか。一方、安倍政権について考えるとき、天皇制の問題に着目することがどれほど重要か、疑問です。むしろ憲法第九条の扱いのほうが大事ではないでしょうか。

下村　私が言いたかったのは、天皇の戦争責任を問わないままに来たために、我々自身の戦争責任があいまいになっている、それが問題だ、ということなのです。

それと今の多くの日本人にとって、天皇制は心情的に非常に重要なものになっていると思う。ドイツのブラント首相がワルシャワ・ゲットー英雄記念碑でひざまずいたのを見た韓国人が「天皇もひざまずくべきだ」といったのに対して、ある日本人が「はらわたが煮えくり返るようだ」と怒ったのを見て、私はつくづくそう思いました。そういう心情にあるとき、何かに動員される可能性はある。天皇に統合された日本人として。

藤田　今のお話は、戦後天皇制の非常に重要な点を指摘しています。戦後、

＊1　一九七〇年一二月七日、西ドイツのブラント首相はワルシャワを訪れて、ゲットー英雄記念碑の前でひざまずいて、犠牲となったユダヤ人に祈りをささげた。

天皇は「皇室ご一家」という日本国民の一員として、人々に身近な、信頼される存在たろうと腐心しています。例えば、大災害の現場に赴いて被災者たちに寄り添い、慰めと励ましの言葉を直接かける天皇夫妻は、当事者ばかりか、その光景を報道を通じて見ている多くの国民に、天皇への親近感と天皇制擁護の気持ちを持たせるのに大きな役割を演じています。天皇制擁護に向けて報道機関が補完作業をしていることは、皇室関係者をしばしば取り上げるのが重要な企画となっているテレビや女性週刊誌の例を見てもわかります。だが、天皇制擁護にまつわるそうした事情は日本国内だけのことであり、アジア諸国で天皇制へのまなざしが依然厳しいのは、天皇制国家日本のアジア侵略の負の歴史が今も十分清算されていないからです。

集団的自衛権の歴史

小谷　次に、集団的自衛権の問題について、少し議論しましょう。下村さん、バンドン会議では、集団的自衛権はどのように規定されているのですか。

下村　バンドン会議の「平和十原則」の中で、「国連憲章による単独または集団的な自国防衛権を尊重」するということがうたわれています。ここでは、集団的自衛権は力の弱い諸国が強国の圧力から身を守るための重要な権利であるという位置付けなのです。また、「集団的防衛を大国の特定の利益のために利用しない。また他国に圧力を加えない」ともいっていいます。これは安倍政権のいう集団的自衛権の趣旨とは根本的に違っていて、安倍政権は世界史上達成されてきた理念をすり替えて使っているとしか見えない。どうですか、この点、百瀬さんいかがですか。

百瀬　私は少し違う考えを持っているのですね。集団的自衛権という言葉は確かに国連憲章で広く知られるようになりました。しかし、その前に、第一次世界大戦後に国際連盟ができたときに、それまでの勢力均衡に代わって、集団安全保障という概念が出てきた。これは、国家の権利の発動としての武力行使の否定の上に立っている。あらゆる手段で戦争を集団で防ごう、あるいは、軍事力を共有してしまおうという考えから出てきている。そういう理想主義の産物なのですね。国際連盟に加わっていない国が侵略してきたときに、連盟の国々が軍事力を共有して対応するという考え方です。不戦条約[*1]もそうです。

しかし、国際連盟の集団安全保障はうまくいかなかった。それで、第二

＊1　一九二八年、アメリカ、フランスなど一五カ国の代表がパリで締結した戦争「放棄」の条約で、

次世界大戦が起こったとされ、戦後の国際連合においては、それとは違った原則を導入して、五大国中心[*2]になってしまった。そういう中で、今、下村さんが言われた集団的自衛権は、集団安全保障からは大分離れたものになってしまっているように思うのですね。

南塚　集団的自衛権の問題は、第一次世界大戦以後の集団安全保障の問題にまでさかのぼって考えなければならない問題であるというご指摘は重要だと思います。人類はそういう形で平和を求めてきたわけですね。しかしそれが挫折したところから、すでに大戦直後にそれとは別物の集団的自衛権の考えが出てきたということになります。ところが、さきほどの議論にあったように、その一九四五年頃の国際連合的な集団的自衛権の理念さえ、安倍政権ではゆがめられているということになるわけです。

木畑　これに関連して、安倍政権が目の敵としている憲法第九条をめぐっては、その内容が第一次世界大戦以降の世界史の流れに最もよくそったものであったことを再確認する必要があります。未曾有の犠牲を生んだ第一次世界大戦ののち、再びそうした戦争を起こさないために国際連盟が作られ、国際社会における戦争の違法化[*3]を定めた不戦条約（ケロッグ＝ブリアン条約）が結ばれました。これらは、いろいろな問題を含むものではあり

戦争違法化の先例となった。パリ不戦条約とも、提唱者であるアメリカ国務長官とフランス外相の名前をとってケロッグ＝ブリアン条約ともいう。

＊2　アメリカ・イギリス・ソ連・中国・フランスの五カ国。

＊3　戦争違法化をめぐる最新の研究として、三牧聖子『戦争違法化運動の時代――「危機の20年」のアメリカ国際関係思想』（名古屋大学出版会、二〇一四年）がある。

木畑洋一

ましたが、人類の歴史の中での大きな一歩でした。憲法第九条は、日本が誇るべき特別の意味を持っているわけですが、同時にこの世界史の歩みを体現していたことを忘れてはなりません。

個別的自衛権もさまざまな問題を含んでいますが、集団的自衛権というのは他国を理由に戦争をする用意があることを意味するわけで、「自衛権」というには大いに問題があります。

南塚　憲法第九条は、決して占領下において押し付けられたという次元の問題ではなく、世界史のあの段階での産物だというわけですね。だから同じ段階でいわれていた国連的な集団的自衛権を日本は打ち出すことはなかった。そうすると、安倍政権下で憲法第九条を廃棄し、新たな集団的自衛権を掲げるのは、新たな世界史の段階の産物なのでしょうね。私はそれを一九八〇年代以後の世界史の問題と考えているわけですが。

百瀬　日本国憲法についてはですね、それが掲げる平和思想というものは、理想主義を掲げた不戦条約時代から現実主義の支配する冷戦時代へと移っていく第二次世界大戦直後のつかの間の人々の平和認識が、日本という無謀な戦争をした敗戦国民と、マッカーサーという変わり者の連合国軍最高司令官の脳裏に反映して形を留めた残像ではないかと、大変謙虚に考えている次第です。

南塚　そういう意味での世界史の産物というわけですね。

藤田　集団的自衛権の問題ですが、第二次世界大戦後の戦争の実態について考えてみる必要があると思うのです。戦後の冷戦体制の下で、現実には米ソは戦争をせずに、地域的な軍事的抑圧が中心だった。中東の四次にわたる戦争も、アラブ諸国からすれば、国益をかけた戦争ではなくて、イスラエルの占領拡大を防ぐ防衛戦争であり、アラブ諸国は一丸となってアラブ領土を防衛するため、合同司令部を組織して集団的自衛権を発動した。これに対して、他国を抑圧するのがアメリカのいう集団的自衛権なのです。日本が憲法第九条の下、戦争をしてこなかったということは、アラブから見れば、日本はアメリカによる民衆抑圧に加担してこなかったことにつながっていたのです。アラブだけでなく、世界的にそう見られている。これを全部帳消しにしていいのでしょうか。安倍政権が積極的に軍事化について語るのは、こういうことを無視することにほかなりませんね。

小谷　世界史的に見ると、国際連盟時代の理想主義的な集団安全保障の概念から出てきた国際連合の集団的自衛権、しかしその国連的な理念も捨て去るような昨今の安倍政権の集団的自衛権政策というわけですね。

「侵略」とは？

小谷　私は、アジアにおける日本の位置を考えるとき、安倍政権が第二次世界大戦敗戦までのアジア諸国への「侵略」の問題にどのような態度をとっているかを問題にせざるを得ないと考えています。少し長くなりますが、基本的なところから考えていきたいと思います。

最初に、これまでの経緯について整理しておきます。

高校歴史教科書が大きな国際問題となったのは一九八二年でした。この年の教科書検定において、「侵略」という言葉に改善意見が付けられました。それに対して、中国や韓国が日本によるアジア諸国侵略を隠蔽するものだとして、激しく反発しました。そのため、八月二六日、当時の鈴木善幸内閣の宮澤喜一官房長官が政府の責任において記述を是正するという趣旨の談話を発表、それを受けて、教科用図書検定基準に以下の文言が付け加えられました。
近隣のアジア諸国との間の近現代の歴史的事象の扱いに国際理解と国際協調の見地から必要な配慮がされていること。

これがいわゆる「近隣諸国条項」です。一九九三年八月四日には、「慰安婦関係調査結果発表に関する河野内閣官房長官談話」（河野談話）が出され、「慰安婦の募集については、軍の要請を受けた業者が主としてこれに当たったが、その場合も、甘言、強圧による等、本人たちの意思に反して集められた事例が数多くあ」ったことを認めました。

小谷汪之

南塚　この慰安婦問題に関しては、二〇一四年八月五日、『朝日新聞』が吉田清治証言に依拠した報道を誤報と認めるということがありましたね。*1

小谷　ええ。しかし、二〇一四年一〇月二四日に閣議で、河野談話

＊1　『朝日新聞』は特集「慰安婦問題を考える」で、断続的にこの問題を検証している。

には吉田証言は反映されていないとの答弁書が決定されています。したがって、吉田証言が虚偽であったとしても、それによって河野談話に事実誤認があったということにはならないわけです。

他方、アジア侵略の問題については、一九九五年八月一五日、戦後五〇年に際して、当時の村山富市首相が「わが国は、遠くない過去の一時期、国策を誤り、戦争への道を歩んで国民を存亡の危機に陥れ、植民地支配と侵略によって、多くの国々、とりわけアジア諸国の人々に対して多大の損害と苦痛を与えました」という談話を発表しました（「戦後五〇周年の終戦記念日にあたって」（村山談話））。その一〇年後の二〇〇五年八月一五日、戦後六〇年に当たっても、小泉純一郎首相が「我が国は、かつて植民地支配と侵略によって、多くの国々、とりわけアジア諸国の人々に対して多大の損害と苦痛を与えました」という「内閣総理大臣談話」（小泉談話）を出しています。

南塚　日本政府のアジア侵略に対する考え方を語るときに取り上げられる三つの談話ですね。

小谷　ええ。来年は戦後七〇年、新たな総理大臣談話が発表されるかもしれませんね。[*1]

＊1　二〇一五年八月一四日に発

安倍首相は「近隣諸国条項」とアジア諸国侵略の問題について、どう考えているかということですが、二〇一三年五月一六日に、民主党の辻元清美議員が提出した「『侵略の定義』など安倍首相の歴史認識に関する質問主意書」に次のような質問があります。

五　安倍首相の歴史教科書についての「この近隣諸国条項によって、喜んでもらう、日本がこんな残虐なことをしましたよということをやることによって、諸外国からは余り指摘がなくなるということであります。また、特定の思惑を持って行動する人たちにも歓迎されるということで、そちらの方面において日本が残虐なことをやったということを強調する分にはどんどん検定を通ってしまうという問題が出てきているのではないか」（第一四〇回国会衆議院決算委員会第二分科会、一九九七年五月二七日）という発言について、

安倍首相は、教科書検定基準における「近隣諸国条項」を見直すのか。

この質問に対して、安倍首相は「教科用図書検定基準におけるいわゆる『近隣諸国条項』の見直しについては、現時点では決まっていない」[*2]と答

表された「内閣総理大臣談話」で、安倍首相は「植民地支配と侵略」については、間接的にふれただけで、みずからの言葉でそれに対する「反省」と「謝罪」を表明することはなかった。

＊2　安倍首相の答弁書（二〇一三年五月二四日提出）。

弁しています。辻元議員が二〇〇六年九月二九日に提出した「質問主意書」における同様の質問に対しては、安倍首相は「『近隣諸国条項』については、現在、見直すことは考えていない」[*1]と答えていますので、安倍首相の考え方が変わってきたということができます。「近隣諸国条項」があるから、日本のアジア諸国侵略を強調する日本史教科書が検定をどんどん通ってしまう、だから「近隣諸国条項」は見直したほうがよい、というのが安倍首相の本心なのでしょうが、これは教科書検定の現実とは随分かけ離れた理屈だと思います。

南塚　随分いい加減なというか、巧みなすり替えですね。

小谷　次に、アジア諸国侵略に関する安倍首相の考え方ですが、この点について、辻元議員の先の「質問主意書」（二〇一三年五月一六日提出）には、次のような質問があります。

一　「村山談話」について（1～5略）

6　「村山談話」を踏襲する安倍首相自身は、村山談話における「侵略」の定義をどのように考えるか。それは、国連総会決議三三一四に準じるものか。

＊1　安倍首相の答弁書（二〇〇六年一〇月一〇日提出）。

7　「国と国との関係でどちらから見るかで違う」ということであるが、安倍首相自身は、「日中戦争」は侵略行為だったという認識か。
8　「国と国との関係でどちらから見るかで違う」ということであるが、安倍首相自身は、「満州国建国」は侵略行為だったという認識か。
9　「国と国との関係でどちらから見るかで違う」ということであるが、安倍首相自身は、「太平洋戦争」は侵略行為だったという認識か。
10　「国と国との関係でどちらから見るかで違う」ということであるが、安倍首相自身は、「真珠湾攻撃」は侵略行為だったという認識か。

（二、三略）

四　（国連）総会決議三三一四及び侵略犯罪に関する国際刑事裁判所のローマ規程への改正決議について
1　日本政府は、侵略の定義について「国際的に定まっていない」という認識か。

この一の6で指摘されている「国連総会決議三三一四」というのは、国連の侵略の定義といわれるもので、以下のようなものです。

侵略とは、国家による他の国家の主権、領土保全もしくは政治的独立に対する、又は国際連合の憲章と両立しない他の方法による武力の行使であって、この定義に述べられているものをいう。

この辻元議員の質問に対して、安倍首相は次のように答弁しています。[*1]

一の6から10までについて

国際法上の侵略の定義については様々な議論が行われており、お尋ねについては確立された定義を含めお答えすることは困難である。

（二、三略）

四について

国際法上の侵略の定義については様々な議論が行われており、確立された定義があるとは承知していない。

＊1　前掲、安倍首相の答弁書（二〇一三年五月二四日提出）。

一九七四年の国連総会決議三三一四（侵略の定義）については、日本政府も賛成したのですが、安倍首相はそれを無視して、侵略についての確立された定義は存在しないとしているわけです。もっとも、国連の侵略の定義にもあいまいなところがありますが。安倍首相の本音は、日本によるアジア諸国侵略という歴史的事実を否定したいということなのでしょう。しかし、そうすると、村山談話や小泉談話における「植民地支配と侵略」という文言と齟齬をきたすことになりますが、それらを否定するとは言っておりません。その辺をあいまいにしたまま、アジア諸国侵略をなし崩し的に否定していこうということだと思います。

藤田　今、国連の侵略の定義もあいまいだという話がありましたが、それは中東の問題に関連していると思います。あの侵略の定義が出されたのは、一九七三年一〇月の第四次中東戦争[*2]のほぼ一年後で、その決議の直後にパレスチナ民族解放機構（ＰＬＯ）のアラファト議長が国連総会に招かれて、イスラエルのアラブ領土占領の中止とアラブ・イスラエル共存の平和を訴える演説をし、ＰＬＯは国連のオブザーバー資格を認められました。世界的にアラブ領土占領への非難が高まる中で、唯一イスラエル擁護に回るアメリカは、戦後のイスラエルの占領地への対応を念頭に置いて、侵略の定

＊2　一九七三年一〇月にエジプトが第三次中東戦争（一九六七年）で失ったシナイ半島の回復を目指してイスラエルとの間に起こした戦争。他のアラブ諸国は「石油戦略」によってエジプト側を支援した。結局、エジプトだけがイスラエルと平和条約を結んで、シナイ半島を回復し、他のアラブ諸国と歩みを別にした。

義をぼやかそうとしたのでしょう。

南塚　事実関係がよくわかりました。こういう姿勢は世界的に通用するのですかね。

2　戦争責任と東京裁判

戦争責任について

小谷　では、次に、靖国問題・慰安婦問題も含めた戦争責任の問題に関する安倍政権の認識を、世界史的展望で考えるというテーマに移りましょう。

三宅　安倍政権の場合、国内向けと海外、特にアメリカ向けの発言の違いは際立っていると思います。また安倍政権と自民党全般との間にもやや違いがあると思います。この点について検討する際には、安倍首相の側近からなる現政権中枢の人々の性格をやはり重視するべきでしょう。

安倍氏は初当選が一九九三年の衆議院議員総選挙で、このときに細川護熙内閣が誕生した。安倍氏ははじめ野党の議員だったわけで、彼のスローガンにもある「取り戻す」という感覚は国会議員となった当初からのものだったのです。そして、二〇〇九年にも自民党は下野しますが、その際、

＊1　元慰安婦に対する補償事業

安倍氏の側近とされる人々を支援したコアは極右的宗教団体・勢力でした。政権から転落した自民党から離れる者はいても（例えば舛添要一現東京都知事）、これにすりよったり支えたりする勢力はごく限られていました。そのときに自民党を支えたコアの勢力は今、党の中でかなり強いのでしょう。

一方、一九九〇年代以降、日本政府が対外的に進めてきた「戦後処理」案件の中には、積極的なものも決して少なくない。例えば「女性のためのアジア平和国民基金」[*1]（アジア女性基金）ですが、多くの歴史学者からは批判が強かったのですが、橋本（龍太郎）以降小泉までの首相の手紙などは今なお十分に評価し得ると思います。九五年の衆議院における「歴史を教訓に平和への決意を新たにする決議」[*2]、これを受けた同年の村山談話、さらには二〇〇五年の小泉談話、それらはさまざまな人々の影響力の結果でもありますが、積極的な性格を持つと思います。靖国神社とは別の戦没者追悼施設の検討[*3]なども意味のある取り組みだと思います。いささか古くなりますが、一九九〇年代の昭和館設置に関するやりとりなどにも、国際社会の中で日本をどう位置付けていくのか、新しい時代の要請に即した議論があった。また、国際刑事裁判所（ICC）[*4]とのかかわりは特に重要だと思います。これらをふまえて九〇年代以降の日本政府の対応の積極面をき

を目的として、一九九五年、村山内閣時代に設立された財団法人。補償事業を終え、二〇〇七年に解散。

＊2　村山内閣時代の一九九五年六月九日、衆議院本会議で可決された国会決議のこと。

＊3　小泉政権下の二〇〇一年、新しい国立の戦没者追悼施設の設置が検討され、千鳥ヶ淵戦没者墓苑の拡張案などが出されたが、その後進展していない。

＊4　二〇〇三年に設立された個人の国際犯罪を裁く常設裁判所で、戦争犯罪や人道に対する犯罪などを管轄する。アメリカや中国、ロシア、イスラエル、北朝鮮などとは異なり日本は締約国として加盟し、裁判官も派遣している。同裁判所規程第七条「人道に対する犯罪」には「強かん、性的奴隷」など日本軍慰安婦を念頭に置いた条項がある。

ちんと評価していくと、現政権中枢勢力の異様さが際立つように思われます。

小谷　安倍政権の中軸の戦争責任についての考え方は、それまでの自民党政権の考えや政策と比べても異様だというわけですね。それまでの政策は世界史の動きとも一定のつながりを持っていた。それが今後は断絶していく恐れがありますね。

東京裁判について

伊集院　私は、安倍政権の靖国問題への対応と東京裁判認識について述べたいと思います。

安倍氏によれば、靖国問題については「そもそも政教分離ということは決着がついている」[*1]という。つまり国際問題ではないと考えているのでしょう。これが、安倍晋三内閣の基本認識だと思います。

中国・韓国の圧力を誘う日本国内の勢力が問題であるというのが彼の「持論」です。例えば、彼は教科書問題について、外国からの非難を呼ぶ「原因は基本的に国内にある」（同前）という。これでは歴史認識をめぐる国際的な交流は成り立ち得ない。

＊1　前掲『この国を守る決意』。

極東国際軍事裁判（いわゆる東京裁判）は、一九四五年九月に米英ソによって設置が合意されていて、同年一二月に中華民国ほか七カ国が加わって設置された極東委員会の下で、翌四六年一月に定められた「極東国際軍事裁判所憲章」に基づくものでした。これは「国際軍事裁判所憲章」[*2]をモデルに作られましたが、マッカーサーによる一月一九日付の裁判所設立に関する「特別宣言」には次のような文言があります。

合衆国、大ブリテン国およびロシア（ソ連邦）は、一九四五年一二月二六日モスクワ会議において、日本による降伏条件遂行について慎重に考察し、中国（中華民国）の同意も得て、最高司令官が降伏条件を実施するためのすべての命令を交付することで合意した。[*3]

東京裁判をニュルンベルク裁判と比べるならば、後者が一九四四年八月八日のロンドン憲章により英米ソ仏四カ国で行われることになったのに対し、東京裁判は一一カ国の判事によって審判が行われた点に大きな差異があるように思われます。そこでは南京事件、泰緬鉄道建設、バターン死の行進、イギリス連邦チームによるインド人・中国人・ビルマ人・マレー

＊2　この「国際軍事裁判所憲章」に基づいて行われたのが、ニュルンベルク裁判。

＊3　訳は引用者。

人・シンガポール人・タイ人・その他太平洋諸地域の島民に加えられた日本軍による残虐行為の立証も対象とされました。[*1]

安倍氏は『新しい国へ』では、「『A級戦犯』とは、極東国際軍事裁判＝東京裁判で、『平和に対する罪』[*2]や『人道に対する罪』という、戦争の終わったあとに作られた概念によって裁かれた人たちのことだ。国際法上、事後法によって裁いた裁判は無効だ、とする議論があるが、それはべつにして、指導的立場にいたからA級と便宜的に呼んだだけのことで、罪の軽重とは関係がない」と言っています。

この問題については、きちんとした法的な分析が必要だと思われますが、確かに東京裁判の法的な分析は決して多くはないようです。その点ではニール・ボイスターとロバート・クライヤーの共著『東京裁判を再評価する』[*3]は、裁判での多数派判事と弁護側の主張の法的根拠を丹念に検討しており、非常に参考になると思います。同書によればA級、ないしは極東国際軍事裁判所条例第五条a項で訴因とされたのは「平和に対する罪」であり、同書によれば多数派判事はその重要な根拠とされた「（一九二八年の）ケロッグ－ブリアン条約[*4]は、政策手段として戦争に訴えることを無条件で放棄することを要請しており、その結果として国策遂行の手段として戦争

＊1　戸谷由麻『東京裁判――第二次大戦後の法と正義の追求』みすず書房、二〇〇八年。

＊2　侵略戦争や国際法に反する戦争などを計画・準備・開始・実行した罪をいう。こういう国際法上の犯罪を国家にではなく、はじめて個人に帰属させたという意味で、世界史上特筆すべきことである。

＊3　岡田良之助訳・粟屋憲太郎ほか監訳、日本評論社、二〇一二年。

＊4　二六頁の注1を参照。

に訴えることは国際法に照らして必然的に違法であり、そのような戦争の計画者および遂行者は、それによって罪を犯したことになる」としました。これに対して、ケロッグ＝ブリアン条約が侵略を禁じたという見解に異論もありましたが、多数派判事は一九四一年一二月七日（現地時間）の真珠湾攻撃を挑発を受けない「侵略戦争」と考えました。安倍氏が「便宜的」ということはこうした議論を背景にしたものと考えられます。また、BC級とされる訴因は「通例の戦争犯罪」および「人道に対する罪」でありました。

要するに、安倍氏はこの東京裁判でなされた多数派判事と弁護側の議論を援用して、東京裁判の正当性に疑義を挟み、A級戦犯とされた人々の問題を軽視した上で、靖国参拝の正当性を国民に説得しようとしているといえるのではないでしょうか。

小谷　安倍首相が書いたとされている『新しい国へ』などを読むと、国際法的にかなり難しい議論をしていますね。誰か国際法や国際政治に通じた人がバックにいることは確かだと思う。だから、東京裁判やA級戦犯などについても、それなりの議論をしていると思うな。

百瀬　フィンランドの場合は、一九四四年九月の連合国との休戦条約第六条を守って、いわゆるBC級戦犯を自国の法廷で裁いています。ただ、付け加えると、ソ連は、自分たちが仕掛けた「冬戦争」[*1]は除外した上で、一九四五年八月にロンドン条約を締結し、上記の休戦条約の解釈を変更して、フィンランドに戦争責任者（A級）を処罰する裁判を開かせています。しかし、これは、ドイツや日本のA級戦犯裁判とは別の次元の問題です。

ついでに、ちょっと質問があるのですが、安倍氏は祖父の岸信介をどう評価しているのですかね。岸は戦犯容疑者として逮捕されましたが、戦争中は東条英機内閣に批判的で、その倒閣運動などもやっていたわけですよね。その点についての安倍氏の評価はどうなのでしょう。あれだけ靖国参拝に固執するのも、何か理由があるのではないですかね。

小谷　安倍首相の岸信介への共感は、戦争中の岸の態度というより、六〇年安保闘争への岸の「断固たる」姿勢に対してではないですか。『新しい国へ』にも出てきますね。

三宅　でも、六〇年安保だとすると、当時安倍氏はまだ小学生だったわけだから、それも怪しい話で、むしろ大学生になったときにいろいろとまわりから言われて、そこからさかのぼっていったのではないでしょうか。

下村　さきほどの小谷さんの話にもあったけれど、安倍政権にはしっかり

＊1　第一次ソ連・フィンランド戦争（一九三九－四〇年）のこと。

としたブレーンがいることは確かでしょうね。例えば、麻生太郎氏が、ヒトラーは合法的に議会政治の中で政権をとったのだと発言していましたが、それはドイツ史をある程度勉強している人でなければ出てこない話ですよ。

「戦後レジームからの脱却」とは？

小谷　安倍首相が盛んに言っている「戦後レジームからの脱却」ということについて考えてみたいと思います。

第一次安倍内閣が決定した「経済財政改革の基本方針　２００７」に登場する「戦後レジーム」という言葉の意味について、民主党の逢坂誠二議員が提出した「質問書」に対して、安倍首相は次のように回答しています。[*2]

「経済財政改革の基本方針２００７」（平成十九年六月十九日閣議決定。以下「基本方針２００７」という。）の二ページの「戦後レジーム」とは、戦後の「憲法を頂点とした、行政システム、教育、経済、雇用、国と地方の関係、外交・安全保障などの基本的枠組み」を指す。

政府としては、「二十一世紀の時代の大きな変化についていけなくな

＊2　安倍首相の答弁書（二〇〇七年七月一〇日受領）。

っている」戦後レジームを、原点にさかのぼって大胆に見直し、「活力とチャンスと優しさに満ちあふれ、自律の精神を大事にする、世界に開かれた『美しい国、日本』」を目指すことにしている。

安倍首相はこののち、ことあるごとに「戦後レジームからの脱却」というスローガンを持ち出すことになりますが、では、どこに向かって「脱却」するのかというと、「美しい国、日本」というだけで、具体的なことは何も述べられていません。

ところで、「戦後レジーム」の出発点は、極東国際軍事裁判所の裁判（東京裁判）とサンフランシスコ平和条約なのでしょうが、それに関連して、さきほどの辻元議員の「『侵略の定義』など安倍首相の歴史認識に関する質問主意書」[*1]には次のような質問があります。

東京裁判は「言わば連合国側が勝者の判断によって、その断罪がなされた」という安倍首相の認識に変わりはないか。

それに対して、安倍首相は答弁書[*2]で次のように回答しています。

＊1　二〇一三年五月一六日提出。

＊2　二〇一三年五月二四日受領。

極東国際軍事裁判所の裁判については、御指摘のような趣旨のものを含め、法的な諸問題に関して様々な議論があることは承知しているが、我が国は、日本国との平和条約（昭和二十七年条約第五号）第十一条により、当該裁判を受諾しており、国と国との関係において、当該裁判について異議を述べる立場にはない。

安倍首相は、本心においては、東京裁判を「勝者による断罪」と考えているのでしょうが、東京裁判を真っ向から批判したり、サンフランシスコ平和条約を否定したりすることは到底できないので、こういう答弁になるのだと思います。したがって、安倍首相のいう「戦後レジームからの脱却」には、一九五一年九月八日に調印されたサンフランシスコ平和条約、およびそれと同時に調印された日米安全保障条約の問題は含まれないということになります。言い換えれば、サンフランシスコ平和条約や日米安保体制という大枠の中での「戦後レジーム」を問題にしているということです。その点で、安倍首相の「戦後レジームからの脱却」という主張は、戦後世界体制そのものに「異議を唱える」といったようなものではなく、あくまでも「国内問題」としての「戦後レジーム」を問題にしていると考えられます。

　このように、アジア諸国侵略と「戦後レジーム」に関する安倍首相の立場を見ていきますと、戦後世界の展開の問題を世界史的な大きな視点でとらえるのではなく、「内向き」の姿勢、すべてを国内問題という枠組みの中でとらえる姿勢が顕著だということができると思います。ただし、それは韓国のパク・クネ（朴槿恵）政権についてもいえることですし、世界的な趨勢というべきかもしれませんが、そのことが領土問題といった国際問題の解決を困難にしている一つの要因であろうと思います。

南塚　安倍政権は戦前の体制をどうとらえているのですかね。また、戦前の世界史像への回帰はあるのでしょうか。京都学派の高山岩男が著した『世界史の哲学』[*1]のように、これまでの世界史はヨーロッパ近代の支配した世界史であるから、それを否定して、日本を指導者とする世界史を構築するという世界像までいくのですかね。

小谷　いやあ、それはないのではないですかね。非常に内向きだから。戦前の体制が「侵略」的であったということは否定したいのだろうけど。

伊集院　「戦後レジームからの脱却」が、日本だけではなくて、もっと世界的な意味も持ってくるかもしれないですね。例えば、国連憲章に「敵国

＊1　岩波書店、一九四二年。

条項」というのがあります。第二次世界大戦の敗戦国、ドイツ・日本やその同盟国を対象にした、安全保障面での規定を盛り込んだ条文のことです[*2]が、実は、この「敵国」に関連する「差別」がいまだに国際的に残っている。「戦後レジームからの脱却」というとき、論理的にはそのような敗戦国差別を廃棄するというところまで、いくのではないかな。

下村　ヒトラーがヴェルサイユ体制を批判したこととの関連でいえば、安倍政権には、五大国の支配体制である現在の国連体制を打破しようという考えはないのですかね。

三宅　確かに安倍政権は、日本が国連の安全保障理事会の常任理事国になることを目指していますが、それは第二次世界大戦を経て成立した国連が持っている性格とぶつからざるを得ないのですね。国連は、英語では戦争中の連合国を意味する United Nations でもあるので、現代の世界は依然として第二次世界大戦の遺産を引きずっているわけで、そういう意味では「戦後レジームからの脱却」にも意味があるかもしれませんがね。それは中曽根康弘元首相も言っていたことで、自民党のある勢力ではずっと続いている。でも、五大国体制を打破することまでは考えていないのではないですか。

---

*2　国連憲章の第五三条、第一〇七条のこと。

小谷　そこまでは到底考えていないと思うよ。戦後世界体制全体の見直しというところまでは。

三宅　ただ、少しずつそういう方向に持っていこうとする勢力があるのは確かですね。

ところで二〇〇五年八月の小泉談話では、村山談話で議論になった「国策を誤り」などの戦争期に関する表現が後景に退いて、むしろ戦後日本の平和と繁栄ということが前面に出ています。一方で同じ二〇〇五年四月のバンドン会議五〇周年記念の首脳会議では、小泉首相が首相としてはじめて国際会議の場で「植民地支配と侵略」への「痛切な反省とお詫び」を述べています。

日本政府、首相、自民党の中には多様な要素があるのでしょうが、第二次世界大戦後、国際社会が育んできた秩序には基本的に対応していこうという姿勢が確かにあります。その点にはもっと注目したほうがよいと考えます。

小谷　安倍首相は、「唯一の被爆国」として、ということをひどく強調していますね。これは村山談話も小泉談話も言っているのだけど、安倍首相はそこのみを取り出しているという感じがするね。

3　歴史教育について

歴史教育への介入

小谷　では次に、安倍政権の歴史教育に対する姿勢を世界史的展望で考えるというテーマに入りましょう。安倍首相は、なんとかして、現在の歴史教育の体制を崩して、みずからの歴史認識を教育の場に植え付けたいと考えているようですね。その点で、高校における日本史必修化の動きが重要だと思っています。二〇一四年一月、文部科学省は高校における日本史必修化の検討を開始しました。『日本経済新聞』などの報道によれば、夏にも中央教育審議会に学習指導要領の改訂を諮問し、早ければ二〇一九年度から日本史を必修科目とする方針だということです。

安倍首相も、二〇一四年一〇月一日の衆議院本会議で、日本史の必修化について、「日本人としてのアイデンティティー、日本の歴史と文化に対する教養などを備え、グローバルに活躍できる人材を育成する観点から、今後検討を進めて」いくと述べています。[*1]

一九九四年に、高等学校地理歴史科において、世界史が必修化されたと

＊1　「第一八七回国会本会議第三号（平成二六年一〇月一日（水曜日）」。

きも、グローバル化していく世界情勢への対応が理由とされましたが、その同じ理由で、今度は世界史を必修から外し、日本史を必修化しようというわけです。「グローバルに活躍できる人材」の育成といっていますが、どうもやはり「内向き」な感じがします。[*1]

藤田　歴史教科書に関していうなら、日本人が抱いている中東イメージが教科書叙述にわざわいしているという重大な問題があります。例えば、長く親しまれてきた「月の砂漠」[*2]の歌に出てくる中東は、「聖書」に描かれている古代中東に基づくイメージの産物であり、ヨーロッパにおける「聖書」物語が影響を与えています。日本では明治以降、キリスト教文化の影響下で、「聖書」に基づいたヨーロッパの中東観が思想家や学者を強くとらえており、彼らを通じて「中東」のイメージが国民一般に広まっていった。それはどういうイメージかというと、エキゾチックで牧歌的な反面、後進的で粗野で非文明的というものです。

戦後はこれに「砂漠の石油産出地域」というイメージがかぶさるわけです。これが日本の世界史教育における中東の描かれ方に反映されている。日本はアメリカの中東石油供給体制にすっぽりはまっており、それを通してハリウッド映画が描くアメリカの中東イメージをもらいました。実際の

＊1　二〇一五年八月五日、文部科学省は新学習指導要領の素案で、日本史の必修化ではなく、近現代史を中心として日本史と世界史を統合した「歴史総合」という科目を新設するという方針を示した。

＊2　加藤まさお作詞・佐々木すぐる作曲、一九二三年発表。

中東では、一九五〇年代以降、脱植民地・民族自立を目指すアラブの民意が高まっていき、七〇年代には反米イスラム革命が起き、中東はアメリカの作り出した「文明の衝突」「イスラム・テロリズム」の用語を通して新たに「危険な地域」というイメージをかぶせられました。「中東」についてのイメージ操作に、日本は無批判に乗っかってきました。一方で、日本人による中東研究や海外勤務やボランティア活動などの個人的体験を通じて、民衆的な新しい中東観が示されつつあるのですが、それはまだ従来のイメージを変えられるほどの影響力を持っていない。今の歴史教科書は、中東に関する限り、今述べたような諸問題を引きずっているのです。

小谷　安倍政権との関係ではどうなりますか。

藤田　アメリカは一九七九年のイラン革命直後、「アラブ産油地帯の防衛」をスローガンに、中東軍事戦略に踏み切りました。三十有余年にわたり、東アラブ諸国では絶え間ない戦争の中、膨大な数の住民が犠牲になり、いまや中東全域は激しい反米感情とテロ活動に包まれ、アメリカは中東で打つ手を欠いています。「中東の石油の確保は日本の死活問題」が持論の安倍政権は、こうしたアメリカの軍事戦略が歴史的に行き詰まっていることに目をつぶり、アメリカのいう「中東の危機」をオウム返しに叫び、それを集団的自衛権の導入に利用したわけです。日本が米軍への軍事支援を打ち出したことで、沖縄は東アジアとの関係以上に米軍の中東発進基地として著しく重要になっている。さらに安倍政権は、中東を原発の輸出先としても見ていると思います。今のところ安倍政権は大過なくことを進めているようですが、日本はアメリカに盲従しているがために、早晩のっぴきならない事態に直面するだろうと、私は憂慮しています。そういう観点から安倍政権としては、歴史教育における中東の扱い方に今後強い関心を持たざるを得ないのではないかと思います。

「歴史認識」の時代性

南塚　これまで歴史認識の問題を議論してきたわけですが、それについて最後に一言言わせてください。いったい、現代の世界において「歴史認識」がなぜ問題となるのかということについてです。それには、世界史において「歴史認識」がどのように扱われてきたのかを考えるとよいと思うのです。

周知の通り、ヨーロッパでは、古代からヴォルテールの時代までは、歴史を知ることは君主の実学でした。[*1] 君主が知恵を得るための学校であって、歴

*1　ヴォルテールは、一七五四

政治の学校であったわけですね。それに対して一九世紀には、歴史を知ることは、歴史の「法則」を知ることになりました。科学の時代に対応していたわけです。しかし、二〇世紀においては、歴史は人間の主体的行為の結果と考えられるようになり、いわば「教訓的歴史」となりました。諸国民の歴史意識が非常に高まったために、歴史上の種々の出来事の原因やそれに対する責任が問われるようになってきたのです。

それは、諸国の関係についてもいえることです。例えば、戦争の責任が問われるようになった。第一次世界大戦の開戦責任が問われたり、第二次世界大戦に際しては戦争目的を明示しなければならなくなったわけです。それは、不幸を繰り返さないために歴史を反省し、責任を明確にして再発を抑えるという人間の知恵の故です。ところが、そうなると、歴史は歴史像を描く者の主体的行為とされることになるので、その産物である一定の歴史像への「修正」も行われるようになった。それが、最初は、列強つまり「北」における「歴史修正主義」の問題として出てきた。ドイツやアメリカでの動きを見ればわかります。

しかし、これからが問題で、現代の世界においては、列強以外の国々（「南」）の人々の歴史意識も高まったので、侵略の「責任」や植民地化の

年に『シャルルマーニュまでの世界史についての試論』を発表し、一七五六年には、五一年に出していた『ルイ一四世の世紀』を収録して、『世界史と諸国民の習俗および精神についての試論』（全七巻）を出版した。一七六九年にはこれを大幅に改定して『諸国民の習俗および精神について、およびシャルルマーニュからルイ一三世に至る歴史上の主要な出来事についての試論』を出版した。

「責任」が問われるようになったのです。そうなると、国民の間でその責任を取るか取らないかをめぐって、一定の歴史像とそれへの「修正」の試みが厳しく対立することになる。そこに「南」を視野に入れつつ（例えば、慰安婦問題を考えながら）、「北」における「自虐史観」を批判する「歴史修正主義」が登場する。安倍政権の歴史認識はこういう位置付けができると思います。

III 安倍政権の政策は世界史的にどう位置付けるべきか

1 「積極的平和主義」

南塚　では、今度は、安倍政権の実際の政策について、それを世界史的に見てどのように位置付けるべきかについて考えることにしましょう。実際の政策はたくさんあるのですが、今回は安全保障、軍事化、領土問題といった焦眉の問題に限って考えたいと思います。

まず第一に、安全保障に関する政策は、世界史的に見てどう考えるべきでしょうか。

木畑　安全保障の問題に関して、「平和研究」という講義で、先日学生に強調したことを述べてみたいと思います。それは、安倍首相の唱える「積極的平和主義」という言葉の問題です。

「平和研究」という分野においては、「消極的平和」と「積極的平和」という概念が練り上げられてきました。ノルウェーの平和研究者ヨハン・ガルトゥングの主張に端を発するこれらの概念は、それぞれ「個人的（直接的）暴力」と「構造的（間接的）暴力」という暴力概念に対応しています。戦争を端的な例とするような、物理的・直接的な暴力をなくしていくという伝統的な意味での平和が消極的平和であり、人間一人一人が持つ可能性を十分に発揮できるような状況を奪い取る仕組みの中にある構造的な暴力をなくしていくことに注目したのが積極的平和という概念です。*1

この積極的平和は、英語では positive peace と表現されます。それに対して、安倍首相が唱える積極的平和主義は proactive peace と英訳されているようで、英語での表現は異なりますが、日本語では同一の方向を示すかのごとき体裁をとっています。しかし、実際にはそれらが向かっているのはまったく逆方向で、安倍首相の推進する積極的平和主義は、消極的平和の追求において、世界の中で日本が演じてきていたまさに積極的な役割をあらゆる面で逆転させ、崩していこうとするものといえるでしょう。個々の政策改悪についてはここではふれませんが、さまざまな方策が寄り集まって、「戦争ができる国家」「戦争をする国家」に日本の形を変えてい

＊1　ヨハン・ガルトゥング、藤田明史編著『ガルトゥング平和学入門』法律文化社、二〇〇三年。なお、二〇一五年八月に来日したガルトゥング氏は、安倍政権の掲げる「積極的平和」は氏の提起した「積極的平和」とは内容が「全く異なります」と断言した。そして「積極的平和は平和を求めるもので、軍事同盟は必要とせず、専守防衛を旨とします」と述べた（『積極的平和』の真意　ノルウェーの平和学者、ヨハン・ガルト

こうとしていることは、改めて指摘するまでもないでしょう。第二次世界大戦後、戦争によって血を流すことがなかった国としての日本の姿に、改めて誇りの気持ちを抱くところから、安倍政権の安全保障政策を批判していく必要があると思っています。

南塚　世界の中で消極的平和の追求という点で日本が積極的な役割を演じていたことは一つの歴史的な事実だということ、また積極的平和主義というのは、本来は人間の解放のための障害となっている暴力的なものを取り除いていく意味であったのが、歪められて用いられてきているのだというお話は大変示唆的だと思います。確かに、安倍政権には歴史上に出てきた概念を捻じ曲げて利用していく面がありますね。

木畑　それと、「平和研究」での積極的平和にかかわる、安全保障概念としての「人間の安全保障」の問題についても一言述べておきたいと思います。

これは従来の安全保障概念、すなわち戦争を起こさないという消極的平和に対応する国家的な安全保障概念に対して、一人一人の人間が人間らしく生活していく積極的平和を実現するための安全保障として提起されたもので、一九九〇年代には、日本政府（特に小渕恵三政権）もその旗振り役

ゥングさん」二〇一五年八月二六日付『朝日新聞』）。

として貢献していました。日本政府が平和をめぐって国際舞台で積極的な役割を演じた数少ない例の一つといえます。しかし、安倍氏の念頭にこうした「人間の安全保障」といった考え方はまったくありません。[*1]

積極的平和という概念に照らしてみれば、安倍政権の政策はそれを否定するものでしかないわけです。いわゆるアベノミクスの掛け声の下で展開されているのは、持てる者や大企業を優遇して弱者に矛盾をしわ寄せする動きで、積極的平和とまったく逆行する方向を、「積極的平和主義」という言葉で塗り固めているのが、安倍政権なのです。

百瀬　安倍政権のいう積極的平和主義というのは、どうもわからなくてね。もともとあった、平和主義に何らかの質的な転換が起こって「積極的」という形容詞が付くはずなんだけど、どうもそれが見当たらないですな。「積極的中立主義」という言葉がありますが、それは明確な質的転換が込められた概念でしてね、単に消極的に中立を守るというところから、「平和五原則」[*2]のように、対立の芽を積極的につぶしていって中立を守ろうというものなのです。これならば、すっきりするのですがね。ところが、安倍政権のそれは、「東洋平和のためならばなんで命が惜しかろう」[*3]といった調子ですからね。安倍政権のいう積極的平和主義は、実に恐ろしい言葉

＊1　人間の安全保障については、長有紀枝『入門　人間の安全保障――恐怖と欠乏からの自由を求めて』（中公新書、二〇一二年）その他を参照。

＊2　一九五四年に、中国の周恩来首相とインドのネルー首相の間で合意された原則。領土保全、相互内政不干渉などを内容とする。翌五五年の第一回アジア・アフリ

使いですね。

下村　逆説的な言い方をすれば、世界史的に見て、日本ほどの経済力がある国が軍事力を持って国外へ武力進出するというのはごく当たり前のことであって、何もユニークなことではない。近くは戦前のドイツを思えばわかるでしょう。今の日本は、確かにアメリカの核の傘の下ではあるが、軍事的に海外に進出してもおかしくはないはずです。では何がそれを抑え、その点で憲法第九条はどういう意味を持っているのかと考えてみるのもよいのではないでしょうか。

南塚　戦前のドイツと比べるならば、その間に世界史の中で何が積み上げられてきているかを考えようという問題提起ですね。下村さんのご意見は、新しい「考えの転換」を要求する問題だと思います。ともかく、その日本が、七〇年間、戦争しない国として評価されてきた。この歴史は重要ではあるのですよね。

2　軍事政策と原発政策

南塚　次は、安倍政権の軍事政策は世界史的に見てどう考えるべきかとい

カ会議（バンドン会議）で採択された「平和十原則」はこれをさらに発展させたもの。

＊3　「露営の歌」藪内喜一郎作詞・古関裕而作曲、一九三七年発表。

う問題です。
　安倍政権は、憲法第九条の改正は難しいから、閣議決定で事実上それを骨抜きにし、特定秘密保護法[*1]を成立・施行させ、集団的自衛権を承認させ、いよいよ「戦争のできる国」にしてきました。そこへ武器輸出三原則[*2]の見直し、原発の再稼働と輸出が加わって、対外的にも「軍事国家」への道を進み始めたわけですね。

藤田　日米同盟が強化され、日本はアメリカの中東軍事戦略に深く組み込まれていくことになりました。特に一九九一年の湾岸戦争[*3]のときに沖縄の米軍基地の意義が見直されたのです。二〇〇三年に米英軍などによってイラクが占領されたとき、嘉手納基地から米軍が出動、ここから日本はアメリカの中東軍事政策に完全にコミットすることになりました。日本は憲法第九条の下で戦争はしないと言いながら、日米同盟を通じて事実上、軍事化してきている。その枠内で安倍政権は中東での経済的な利権を追究していて、まずは石油利権を求めているが、新たに原発輸出という目標を掲げています。そういう中で、アラブ側は日本を次第に「敵」とみなすようになっています。

南塚　元経産官僚の古賀茂明氏がこういうことを言っているのです。集団

＊1　行政機関の長が、日本の安全保障に関する情報のうち「特に秘匿することが必要であるもの」を特定秘密として指定し、取扱者を調査・管理し、漏えいを防止しようとするもの。二〇一四年一二月に施行。

＊2　一九六七年に当時の佐藤栄作首相が表明したもので、共産圏諸国、国連決議による武器禁輸対象国、国際紛争の当事国などには武器輸出を認めないという日本の政策。

＊3　一九九一年一―二月に、フセイン政権の支配するイラクをアメリカなどの多国籍軍が攻撃した戦争。一九九〇年八月にフセインがクウェートを占領・併合したことをきっかけとする。この戦争に際し、日本ははじめて自衛隊を海

的自衛権で最も問題なのは、「友達の敵は敵」という論理である。だが、「日本にとって米国は一番の親友。一番の親友が嫌いな奴は俺も嫌いだ」という理屈は、大きな間違いにつながる。なぜなら、「米国なんて大嫌いだ」と思っている国が、「日本のことは大好きだ」と思ってくれているケースがあるからだ。その典型がイラクやイランで、そういうケースは中東に特に多い。そういう友達をアメリカのために殺しに行ったら、大変な恨みを買うことになる、と。[*4] これは藤田さんと同じ認識ですね。そういう歴史的な現実があったし、あるわけなのですね。

藤田　その通りです。

南塚　私は、軍事力というか軍事的な「パワー」を強化するために、安倍政権のすべての政策は動員されていると考えています。経済政策もエネルギー政策もそうです。「アベノミクス」は必ずしもうまくいっていないが、最後の切札は「武器輸出と原発輸出」だと言われているほどです。

そこで、原発政策について考えてみたいのです。原発はそのままでは軍事力というわけではないでしょうが、容易にそれと結び付くものと考えられます。この原発とその輸出について考える際に、鈴木真奈美『核大国化する日本――平和利用と核武装論』[*5] や『日本はなぜ原発を輸出するのか』[*6]

外派遣した。また、沖縄の米軍基地から多数のアメリカ兵がイラクへ飛び立った。

＊4　古賀茂明『国家の暴走――安倍政権の世論操作術』角川新書、二〇一四年。

＊5　平凡社新書、二〇〇六年。

＊6　平凡社新書、二〇一四年。

が役に立ちます。結論は、安倍政権の原発輸出政策というのは、世界史の流れにまったく逆行する政策であるということです。

少し振り返ってみると、一九七〇年代まで進められてきた世界の原発開発は一九八六年のチェルノブイリ原子力発電所事故で頓挫しました。その後の国際的な議論は、原子力以外のエネルギー源の開発を必要とする方向に向かいました。だが、より安全な代替エネルギーに移行するまで現在の原子力発電容量は維持する、しかし、原子力発電は、それが起こすリスクをしっかり解決できるような範囲でのみ、正当化されるというのが、世界の大勢でした。

一九九〇年代には原発建設は世界的に停滞しました。「停滞」の理由は、こうした国際的議論や、一般市民からの不安感の表明、原発事故の頻発、原油価格の下落、火力発電の効率向上などのほかに、原発が「新自由主義」下での民営化・自由化・規制緩和の対象になり難いため、経営面・投資面の魅力を失っていたためでもあります。

しかし、二〇〇〇年代に入って、いわゆる「原発ルネサンス」[*1]が到来します。復活の理由には、原子力発電所の統合（独占化）による競争力のある原子力発電事業の形成、地球温暖化防止への対応、原油価格急騰への対

＊1　一九八六年のチェルノブイリ原子力発電所事故以後下火になっていた原子力発電が、二〇〇〇年代に入って地球温暖化の対応策

応などが挙げられますが、何よりもアメリカのブッシュ政権の強い後押しがあったのでした。そして、この「ルネサンス」の間にグローバルな産官政軍学複合体が形成されたわけです。地方自治体に至るまでグローバルな複合体によって取り込まれて、「原発ムラ」が形成されました。「地球にやさしい原発」といった新スローガンも誕生したのでした。

そこへ、二〇一一年三月一一日、福島第一原子力発電所の事故が起こったわけです。

しかし、その事故の教訓もどこへやら、政府は原発の再稼働と輸出にまい進しています。特に「パワー」のための原発再稼働・輸出は、安倍政権において「国策」といった感があります。原発輸出についていえば、フクシマ以後の世界史的な好条件に恵まれています。つまり、アメリカにおける原発生産の停滞と、新興国における原発への需要拡大に後押しされているのです。そして安倍政権は、フクシマを経験した日本の原発の「安全性」を宣伝しながら、原発輸出にまい進しているわけです。

世界史的に見れば、日本は不思議な国に見えるでしょう。唯一の被爆国で原爆被害の重大さを知っているはずの国、にもかかわらず原発を量産し、フクシマの悲劇を経験した国、それでも「安全」を売りにして原発を輸出

として、地球にやさしい、クリーンなエネルギーとして改めて見直され、各地で建設されるに至った事態を指す言葉。

する国というわけです。哲学、信念、世界像のない国、経済的利益ですべてを考える国、そして軍事化にまい進する国という具合に映ることでしょう。そして問題なのは、日本が「普通の国」[*1]になるといって自衛隊の海外派遣、武器輸出、原発輸出を進めていくことが、日本だけではなくて、世界史に影響を及ぼすものになっているということですね。

三宅 原発を輸入する側は問題を抱えている国が多いですね。ベトナムやアラブ首長国連邦など独裁的な国家や、トルコやインドなど近隣諸国との不安定な要因——日本もそうですが——を抱えている。またインドなどではすでに原発反対の運動が起きて問題になっているのだけど、それらを原発推進派は力で抑えているわけで、そういう国に日本は原発を輸出しようとしているのですね。今度はアフリカへも輸出するようですし。フクシマを引き起こした日本が原発輸出に積極的な姿勢を示すのは、やはり道義的に問題でしょう。放射性廃棄物の処理だって何の見通しもないのだし。

小谷 汚染水の処理問題も解決していませんよね。

三宅 そうなんです。そして、道義的という点では武器輸出が大きな問題です。産業界全体で大きな変化が起きているのでしょうか。良かれ悪しかれ、戦後の日本は、直接的な軍需品製造に対する規制はものすごく厳しく

＊1 「普通の国」という用語はいつ誰が使い始めたのか明らかではないが、すでに一九九三年に小沢一郎氏がこの言葉を使っていた。そのときは、国際的になすべきことを他国に言われなくてもみずから当然になす国、途上国の発展や地球環境保護について最大限の協力をする国という意味で使っていた。だが、その後、世界の多くの国のように正式に軍隊を持ち、自衛権を行使できる国という意味で使われるようになった。

て、これは世界史上で誇るべきことだったと思うのです。しかしその歯止めが、不況の中で効かなくなってきている。武器製造やその輸出が進む。原発が輸出される。不況だから何をやってもいいということにはならないだろうと思います。大きな問題ですね。一方で、再生エネルギーの開発や省エネルギーの推進は新しい産業発展の大きな機会なのでしょうが、そちらに政策の重点が置かれているようには思われません。

小谷　まさに「死の商人」のようなことを、政府を挙げてやっているわけで、「新国家主義」といってもいいくらいですね。だけど、これと「新自由主義」とはどう結び付くのだろうね。一方で規制緩和をし、国家の経済関与を少なくしようとしながら、他方で国を挙げて原発を輸出する。これは矛盾しないのかな。

木畑　原発の輸出は、すでに民主党の菅直人内閣のときに始めていて、ベトナムと輸出の契約をしているのです。

下村　でも、原発輸出は、安倍政権では「国策」なのではないか。

藤田　原発輸出によって、安倍政権は戦後の日本の禁じ手を打ったのだと思います。

その意味は二つあって、一つは中東での「死の商人」アメリカに加担したということです。アメリカは中東で戦争をすればするほどもうかるわけです。しかし、それは現地では、国や社会制度、日常生活の破壊を引き起こし、住民とは敵対することになる。原発輸出によって、日本もその当事国となり、住民と敵対するわけです。

今一つは、中東に原発を持たせることで、イスラエルを刺激し、中東での核をめぐる対立を加速させることになる。そして、この面でも住民と敵対することになる。日本は戦後、このような動きを「禁じ手」としてきていたわけですが、いまやそれを使ってしまったのですね。

下村　過去三〇年間にわたり、日本の社会的・経済的格差は異常なまでに拡大し、また今も拡大し続けています。国民の大部分の貧困化が急速に進み、国内市場はますます狭くなるのではないでしょうか。加えて労働力人口の相対的減少が著しい。日本資本主義の外国市場への依存度はこれまで以上に高まり、原料はもとより商品・労働力市場を求める対外進出への圧力はさらに強まるのではないか。目下その尖兵の役割を果たすかに見えるのが、原発輸出なのだと考えます。それにこの原発の問題は、燃料となるウランの原産地の問題や、廃棄物の処理問題と切り離しては語れない。歴史的にも現在も、これらの地域は深刻な問題を抱えているわけです。特に、ウランの産地といえば、今はカナダ、オーストラリア、アフリカです。カザフスタンもそうですか。これらの地域の住民とウラン採掘業者との対立に現れているような問題は世界史の問題として無視できないが、原発の製造・輸出という安倍政権の政策は、これをさらに悪化させることになるわけですね。

南塚　このような政策は、世界史の流れに逆行しているということでいいのか、あるいは、世界史の現段階が全体として経済至上主義で、こういう問題を無視ないしは軽視する傾向にあるということなのか。原子力産業が新自由主義の経済政策に適合したということが大きな要因なのですかね。

3　領土問題

南塚　第三に、領土問題について考えます。安倍政権の政策は世界史的に見てどう考えるべきなのでしょうか。領土問題は安倍政権になって出てきた問題ではなく、北方領土問題は戦後ずっと続いている問題ですし、尖閣諸島や竹島の領有問題も、民主党政権下に激化した問題です。しかし、安倍政権において、これらの領土問題が妙な形で展開しているように思えるのです。小谷さんに口火を切ってもらいましょう。

小谷　まず「北方領土」[*1]の問題は、ソ連がサンフランシスコ平和条約に調印しなかったこと、そしてソ連、のちにはロシアと日本の間に平和条約がいまだ締結されていないことに問題の根源があります。また、竹島の問題は、サンフランシスコ平和条約第二条（a）で日本が放棄する島嶼として、竹島が明記されていないところに問題の根があります。いずれも、戦争の終らせ方に問題があったわけです。これは「戦後レジーム」の問題ですね。

一方、尖閣諸島の問題は「先占」[*2]という国際法の法理にかかわります。広く世界的に見れば、欧米列強や日本が先占によって獲得した領土を、今後もそのまま認めていくことが正当かどうかが問題になると思います。いずれも、国際法的に難しい事柄で、法的問題や歴史的経緯は一応置いて、紛争当事国同士が話し合いでよりよい解決の道を探るということが大切なのではないかと思います。領土問題は当面「棚上げ」しておくことが妥当なところなのでしょうかね。

その点で、安倍政権下、中国や韓国の首脳と直接に話し合いができない状態にあることは憂慮すべきことですし、むしろ領土問題をてこに「危機」感をあおって、日本の「軍事化」などを進めているのが安倍政権の特

＊1　ソ連はサンフランシスコ講和会議には出席したが、中国代表が参加していないことなどを理由として、サンフランシスコ平和条約には署名しなかった。

＊2　国際法上、いずれの国家にも属していない土地を、他の国家に先んじて実効的に支配することによって自国の領土とすることをいう。

徴かもしれません。

三宅　二〇〇七年三月二〇日付『産経新聞』が竹島密約について報道しました[*3]。一九六五年の日韓基本条約締結前に日韓で取り決めたもので、竹島・独島問題は「解決せざるをもって、解決したとみなす」という密約です。領土紛争を日韓国交正常化のためには「棚上げ」にするというものですね。やはりあれは一つの知恵でしょう。

南塚　日中会談でも、尖閣諸島問題は「棚上げ」にしようという暗黙の合意はあったようですね。これに言及した鳩山由紀夫元首相が「国賊」呼ばわりされたということこそが[*4]、安倍政権の特徴をよく表しているように思いますね。鳩山氏は二〇一三年に、日中間の領土問題については、一九七二年に「周恩来首相と田中角栄首相が暗黙の合意をした『棚上げ』というところに一回戻す。領土問題は存在する。係争地だから。今そんなことをやっているよりももっと大事なことがあるから、そのことを先にやろう」と述べたのですが、それに対して「国賊」と呼ばれたわけです。この「棚上げ」は史料的にも確認されており[*5]、また『読売新聞』でも報道されたほどで[*6]、鳩山氏の発言は、歴史的に見ればほぼ事実を言っているわけですが、その事実をさらにつめていくという方向で議論するのではなく、「国賊」

＊3　「『竹島棚上げ合意』国交正常化前〝密約〟存在　韓国誌が紹介」。

＊4　「『国賊』という言葉が一瞬…鳩山発言に防衛相」二〇一三年一月一七日付『読売新聞』。

＊5　東京大学東洋文化研究所田中明彦研究室公開の「データベース『世界と日本』」http://www.ioc.u-tokyo.ac.jp/~worldjpn/documents/texts/JPCH/19720925.O1J.html を参照。

＊6　「尖閣問題を紛争のタネにするな」一九七九年五月三一日付社説。

と非難するというのは合理的でも、民主主義的でもないですね。「棚上げ」というのは小谷さんが言われたように、世界史の動きからすれば現実的でもありますね。木畑さん、どうですか。

木畑　歴史家としては、領土問題をめぐって、安倍首相やその周辺が好んで使う「日本固有の領土」という表現がまったく非歴史的な発想に基づくものであることを、まず強調すべきだろうと思います。国境線というはっきりした境界線を持つ国家（領域国家）は、あくまでも近代世界の産物であり、歴史を貫通する固有の領土などというものは存在しません。その意味で、特定の地域をめぐって、どちらの国が先占権を主張できるかといった議論を行うことは、結局のところ不毛であると言わねばなりません。こうした領土問題は、いずれかへの帰属という解決を求めず、係争地域をめぐって関係する諸国が協力関係を構築する方向を目指す以外に、短期的・中期的な解決策はないのではないかと考えます。長期的には、広い地域統合を進展させることによって国境線の相対化を進め、その中で係争地域の新たな意味付けを図る形をとるべきでしょう。

アフリカでも、当面は現在の国境の線引きを認めた上で、諸国の連帯を図る方向に動いていると思います。しかし、アジアではどうですか。東アジア共同体構想[*1]がかなり積極的に語られた何年か前と異なり、日中韓の関係は、そうした長期的展望を論じるには悪化しすぎています。とりあえずは、領土問題を「棚上げ」にする形で、日中韓関係の緊張緩和を図っていくことが肝要ではないでしょうか。

小谷　最近、アフリカでも、中東と同じく、現在の国境の線引きを認めないで、現在の国々をまたいで新たな国を構想しようという動きがあるようですね。

木畑　そう、「イスラム国」のような動きですね。ヨーロッパが勝手に引いた国境を認めないという姿勢は、はっきりしています。

下村　まわりじゅうの国々と何らかの国境問題を抱えているという点では、日本は世界の中で非常に特殊な国家のように思えますね。その理由は何なのだろうと考えてみると、やはりアジアでは、一六世紀以来、ヨーロッパの国家がそれなりに処理してきた領土や国境の概念が機能していないというか、それを切り捨ててきたからなのだと思うのです。もっとも最近はヨーロッパ自体において、国民国家[*2]が崩れかけてきているのはちょっとおもしろいと思いますがね。

百瀬　最近、日本をめぐる領海の問題について、政治家だけでなく普通の

＊1　一九九七年のアジア通貨危機ののち、そのような危機の再発を防ぐために、東南アジア諸国連合（ＡＳＥＡＮ）と日本、中国、韓国を軸として東アジア共同体と呼べるような組織を作る構想が浮上した。二〇〇二年には、日本の小泉首相がシンガポールで、これら諸国にオーストラリア、ニュージーランドも加えた共同体を目指す演説を行った。さらに二〇〇五年には、インドをも加えた初の東アジア・サミットが開かれ、域内の連携を促進していく姿勢が示された。

＊2　一定の文化的・政治的・歴史的経験を共有し、一定の法体系の下に平等に暮らす人々は、みずからを「国民」と意識するようになるが、そういう「国民」からなる国家を「国民国家」という。そこでは多くの場合、主権は国民にあるとされる。

人々が非常に緊張感を高めて敏感になっていますね。竹島や尖閣諸島だけでなく、小笠原諸島や大島などでも。こういう問題はどう解決すればよいのでしょうか。安倍政権が話し合いをしないから問題が片付かないのだというけれど、話し合いをすれば解決するのですかね。

私は、基本的には、近代国家体系にどう向き合うかという問題ではないかと考えるのです。それが領土・領海といったものを作り出すわけですからね。だけど、この近代国家体系という視点から考えると、日本に軍隊がないからこうなるのだという議論にもなりかねない。そこをもう少し掘り下げて考えると、日本が、明治以来、近代国家体系への対応において失敗していることが重要なわけです。さきほど述べたように、ヨーロッパでの勢力が均衡している間にヨーロッパ列強はアジアへ進出してきた。日本はそれに便乗してアジアを侵略するということになった。アジア諸国と一緒にヨーロッパに対抗して国民国家を形成していくことができなかった。明治維新から日清・日露戦争の時期の日本ですね。これに対して「歴史問題」が問われているわけですな。日本は「やあ、ごめんなさい」と言えないまま今に至っているわけです。そこで中国に対して「慎重にしてくれ」と言えるのかどうか。日本の対応次第で何とかなる、と言えるのかどうか。

これが大問題ですね。

下村　南塚さんは二〇一二年に『朝日新聞』の「声」欄に投書[*1]したでしょう。あの反応はどうでしたか。

南塚　寄せられた反応はすべて好意的でしたね。あれしかないのではないかという意見が多かったです。その後、小谷さんと一緒に首都大学東京でシンポジウムもやりましたしね[*2]。

領土問題については、私も木畑さんと同じように考えています。地球上の土地や空間を各国が「区切って領有」するというのは、せいぜい今から一〇〇年あまり前からのことであって、ある国に「固有の領土」などというものは歴史的にはないと考えているのです。そういう観点から、竹島や尖閣諸島などは「超領有地域」として、当事国だけでなく、もっと広く国際的にそこを管理するという道しかないのではないかという趣旨の投書をしたわけです。

下村　安倍政権に限らず、歴代の自民党政権はこの問題を外交カードとして使っているのではないですか。

南塚　そうです。安倍政権は、領土問題で日中・日韓関係を緊張させておいて、日本の安全保障面での危機感をあおり、軍備を増強する口実にして

＊1　二〇一二年一〇月二二日付「島は超領有地域で紛争防止を」。

＊2　メトロポリタン史学会第9回大会シンポジウム「区切って領有するということ——領土問題への歴史学的アプローチ」、二〇一三年四月二〇日に開催。詳細は www.geocities.jp/metropolitanshigaku/20130420.pdf を参照。

いるという見方もあるようですね（前掲、古賀『国家の暴走』）。世界史的に見て、国際政治のために対外危機を利用する動きはナポレオン三世以来絶えず見られるわけで[*1]、国民としても注意をしていかなければならない問題です。

＊1　ナポレオン一世の甥として国民の「幻想」を利用して皇帝となったナポレオン三世（在位一八四八－七〇年）は、国内的支持基盤の弱さを補うため、不断の対外進出によって「栄光」を勝ち取ろうとした。

IV　世界史の中の安倍政権——総括的討論

1　「戦後レジーム」を越えてどこへ？

南塚　これまで、安倍政権の歴史認識や対外政策について議論をしてきましたが、最後に皆さんそれぞれに、世界史の中で安倍政権をどのようにとらえたらいいのか、総括的なご発言をお願いします。伊集院さん、どうぞ。

伊集院　さきほども出ましたように、安倍氏は「戦後レジームからの脱却」を政治目標として掲げている。靖国参拝はその一環といえるでしょう。しかし、「脱却」して何を目指すのかは示していない。例えば、漫画家の小林よしのり氏との対談「戦後レジームの利得者をいつまでも放置していてはいけない！」[*1]でも、構築すべき新たな体制のイメージはほとんど示さず、高校時代の歴史教員に対する反発であったり、マスコミ批判にとどま

＊1　『希望の国日本——九人の政治家と真剣勝負』飛鳥新社、二〇一〇年。

っています。そして、百田尚樹氏から「レジームというとなんだか分らない」と言われたのに対しても、彼は「あーそうか」と返してはいるが、なぜ「戦後レジーム」としたのかについての説明はしていません。[*1]

安倍氏は何を実現しようとしているのでしょうか。仮に「戦後体制」ではなく「戦後レジーム」を問題にするとして、それはどのような政治的意味を持つのか、正確なところはよくわかりません。よく問題にされるように、ナチズムと比較しようにも、比較の軸が定まりません。そもそも彼の歴史認識は決して深いものではない。むしろ、非常にあいまいで、事実関係でも極めてずさんな決めつけ、あるいは思い込みに依拠しているように思われます。

憲法改正や集団的自衛権など、国内・国際関係の見通しについては、基本的には故岡崎久彦氏のアメリカ共和党路線、ないしは知日派とされるアメリカ国内のペンタゴン・スタッフ、あるいはナイやアーミテージとの協調関係を発展させるということなのではないかと忖度されます。安倍氏のアメリカ共和党指導者（例えばジョージ・W・ブッシュ）に対する評価と親密度は、民主党の歴代指導者に対するそれと明らかに違っています。強大な力を有するアメリカとの関係という点に注目すると、ナチズムとはかな

＊1　安倍・百田『日本よ、世界の真ん中で咲き誇れ』ワック株式会社、二〇一三年。

り性格が異なるように思われます。ブレーンの一人と思われる岡崎氏が、安倍氏との共著『この国を守る決意』では湾岸地域へのコミットを強調しています。岡崎氏は、アメリカの知日派でタカ派のアーミテージなどとの関係を重視しています。「戦後レジームからの脱却」に関して、安倍氏がしばしば言及するのがアメリカとの関係です。しかも、彼の政治理念はパーソナルな側面を強く持っているように思われます。日本の真の独立という場合、日米関係イコール祖父岸信介の安保改定理念を日本の「自立」と経済成長の礎ととらえており、その理念を踏襲しているようにも思えます。

南塚　なるほど。ナチズムの足元にも及びませんね。

伊集院　靖国参拝直後の二〇一四年一月に、安倍首相はダボス会議で「第一次世界大戦発言」を行いました。一月二三日付のイギリスの新聞『エコノミスト』は、安倍首相が現在の日中関係を一〇〇年前の第一次大戦開戦前の英独関係になぞらえたのは、日中関係はまさか戦争には至るまいと考えているヨーロッパの人々に対して、尖閣諸島をめぐって不測の武力衝突が起こるような場合には日本を支援するようにとのメッセージが込められていたかもしれないとの、シンガポールの見解を紹介しています。[*2] 同記事は、ナイが現在の日中関係を一〇〇年前の事態と比較することは極めて危

＊2　"China, Japan and the First World War Echoing of the Guns of August," by BANYAN, Singapore.

険だと述べたことも伝えていますので、安倍首相の真意が奈辺にあったのかはわかりませんが、アメリカ元国務次官補ナイも懸念するような発言だったわけです。

木畑　ヨーロッパから見た安倍政権という観点で、一言述べたいと思います。

さきほど伊集院さんが取り上げた、二〇一四年一月のダボス会議での安倍発言について、私は以下のように考えています。このニュースには、欧米のメディアが激しく反応しました。ヨーロッパで莫大な犠牲者が出た第一次世界大戦の開戦一〇〇周年に当たる年に、その開戦問題を日中関係とからめて持ち出したこの発言は、そうした反応を引き起こして当然でした。二つの世界大戦を経て平和なヨーロッパを築き上げようと努力し、それに成功してきたヨーロッパの人々にとって、第一次世界大戦に至った道は二度と通ってはならない道であるわけです。ヨーロッパで現在の日中関係に対する不安が非常に高まっている中で、それを大戦の開戦に安易に重ねて語ることは、平和を望むヨーロッパの人々の気持ちを逆なでしたと言ってよいと思います。安倍首相の発言は、そうした意味でまったく思慮を欠いたものだったと言わなければなりません。

南塚　そういう発言は確信を持ってのものなのか、うかつな発言なのか、大きな違いですね。こういう言動を抑止するほうがよほど安全保障につながるように思えるけどね。下村さん、どうぞ。

下村　日本の現政権の目指す方向はいったいどこにあるのか、私にはさっぱりわかりません。戦後獲得された重要な成果である社会保障制度が、いわゆるグローバル化によって無力化されようとしています。この点から見ると、安倍首相が目指すのはまさに新自由主義による日本社会のアメリカ型再編にあるようです。軍事的・経済的にもアメリカの「手先」に甘んじることで彼は満足するのでしょうか。そして、そのことと、「美しい国、日本」というスローガンに象徴される戦前日本の美化などとは、どのような整合性を持つのでしょうか。経済効率重視の原則によって、日本の国土はますます荒廃しつつあるかに見えます。社会的基盤の維持・整備も十分には行われていないようだし、このような国にしてしまった私たちの世代は、この国の将来にどのような責任を持つべきなのでしょうか。政府はマスコミを自分たちの都合のいいように動員して、国民の意見が十分に反映されないようなことが多々あります。古典的な自由主義を経験しないまま新自由主義に襲われつつある日本は、どうしたらこれに対抗できるのか、これは極めて難しい問題だと思います。

2　ナチズムとの比較

南塚　ドイツ史の専門家がおられる折だから、ナチズムとの対比について、もう一度整理しておいてほしいと思います。安倍政権はよく登場期のナチスと比較されていますね。ともに「戦後体制」への不満を基礎とし、何らかの「革命」的・「改革」的言説によって国民の支持を得ようとしているわけです。下村さんは、ナチスのときのような強力な対抗勢力となった共産党や社会民主党に当たる政治勢力が、安倍政権下には見当たらず、したがって暴力的支配装置が不要であるところが大きな違いだと言っておられますが、伊集院さんはどうお考えですか。

下村　いや、私は、今の日本のほうが状況がもっと悪いと言いたいのです。ナチス政権の成立時には、強力な労働組合や共産党・社会民主党があって、ナチスはそれを暴力的につぶしたのだけど、今は、そういうものはないわけで、国民は簡単に操作されてしまう状況にあると思うのです。

伊集院　ナチスと安倍政権は、反共という点では同じですが、大衆運動があるかどうかが一つの大きな違いです。ナチス政権の場合、農民を中心とした大きな大衆運動があって、ナチスを支えていた。しかし、安倍政権にはそういうものはない。二つ目にはヒトラーと違って、安倍氏は一応エリートです。ヒトラーは下層の要求を体現しています。三つ目として、ヒトラーは大ドイツ志向だが、安倍氏は大日本主義というわけではありません。四つ目には、安倍氏はアメリカとの同盟関係の中で日本のあり方を考えているが、ヒトラーにはそういう国はありませんでした。

南塚　安倍政権とナチズムを対比するときに、一九三〇年代と同じ条件で対比しては、歴史的ではありませんね。同じ形で出てくることはないのだから。三〇年代には「えせ革命」という形をとったとすれば、現代では「改革」という形になることもあり得るのではないですか。また、三〇年代は暴力を行使したが、現代では情報を操作・駆使するという道を使うとか。

小谷　ネオ・ナチとの対比ではどうなのかな。こっちのほうがもっと怖くありませんか。

下村　ネオ・ナチのほうがもっと怖いですよ。非常に極端な行動に出てくるから。ただしドイツでは、それに対する反撃が常にある。ところが、日本にはこれがないように思いますね。

木畑　最近のヨーロッパでは、安倍氏個人とともに、安倍氏の「お友達」閣僚、とりわけ安倍首相が押し立てている女性閣僚に対する厳しい視線が目立ちます。在特会[*1]のメンバーとの付き合いなど、日本では数回報道されただけですぐに脇に追いやられてしまった感がある問題に対する関心がヨーロッパでは持続していると感じます。

南塚　この問題は容易に答えの出ないテーマのようですが、今後とも注意していく必要がありますね。では、次に百瀬さん、お願いします。

3　近代国家体系から安倍政権を考える

百瀬　今日の自分の発言を総括して申したいことがあります。

今日の座談会の「世界史的意味」を考えるというテーマを、ただ古い時期にさかのぼって論じればよいと考えているわけではありませんが、この問題を根本から検討するならば、特に、近代国家体系に対する日本の向き合い方という観点から論じなければならないと考えております。それは、とりわけ「冷戦の終結」以降、国際関係に対する伝統的なアプローチを考

＊1　在特会は、「在日特権を許さない市民の会」の略称で、在日韓国・朝鮮人を標的とした排外主義的活動を繰り広げている。安倍首相に近い山谷えり子参議院議員や稲田朋美衆議院議員は在特会と関係を持っていると報道された。

え直す必要が生じていると思うからです。

その議論上の原点として、私は、日本が近代ドイツを国際関係の模範とした事実に注目したいと思います。と申しますと、明治国家が憲法制定をはじめとする国造りから始まって多くの点で近代ドイツを模倣したという議論に入りこんでしまうことになりますが、ここでは国際関係への対応にしぼりこんで議論をしたいと思います。そうすると、すぐ思い出されるのは、例の『米欧回覧実記』[*2]ですが、あの中で、岩倉使節団が統一直後のドイツを訪れると、モルトケ元帥が「ビスマルクにならえ」と言うわけですね。もちろん、これでドイツ模倣が始まったなどといった簡単な話ではないですけれども、象徴的な話として、その意味内容を掘り下げていくと、恐ろしい問題が浮かび上がってくるのです。

外交史の上では、「ビスマルクの平和政策」[*3]の白眉として、露土戦争（一八七七－七八年）後のベルリン会議でのビスマルクの調停の事績が挙げられてきたわけですね。ビスマルクは、「バルカン半島はプロイセンの兵卒の骨にも値しない」[*4]という名言の下に、ロシアのブルガリアへの欲求は抑え込み、オーストリア＝ハンガリー帝国には瀕死のオスマン帝国の一部であるボスニア＝ヘルツェゴヴィナを削り取って与えるという「調停」を

＊2　一八七一年から七三年まで岩倉具視を特命全権大使とした遣米欧使節団の報告をまとめた久米邦武編修『特命全権大使米欧回覧実記』（一八七八年）のこと。

＊3　一八七一年にドイツを統一して帝国宰相となったビスマルクは、三帝同盟、三国同盟、独墺同盟、再保障条約などを通じて、ヨーロッパの勢力均衡を図り、ヨーロッパでの「平和」を実現した。しかし、それは植民地を犠牲にしたものであり、また軍拡競争を抑えることはできなかった。

＊4　ビスマルクは一八七六年一二月の帝国議会の演説で、バルカン半島は「マスケット銃で武装したたった一人の健全なポンメルン兵の骨にも値しない」と述べて、同半島にドイツの関心がないことを強調した（飯田洋介『ビスマルク』中公新書、二〇一五年）。

やってのけるのですが、実は、この「平和外交」は、バルカン諸国の対立の契機になって、世界大戦の「火薬庫」をそこに作り出したという告発を、後世のバルカン地域研究者から引き出すことになりました。

南塚　その通りです。

百瀬　しかし、話は、まだそこでは終わりません。同じ頃、「朝鮮半島は東洋のバルカン」というのが列強外交界の「常識」でしたが、ビスマルクにならった日本は、日露戦争でとうとう朝鮮を占領することになります。ビスマルクの「平和政策」によって、バルカン半島では実にバルカン諸国同士がせめぎ合う結果となりますが、日本がビスマルクにならうと、東洋では、長い歴史を持った朝鮮という王国が消されてしまうわけです。近代国家体系が作り出す列強間の平和は、地域の諸「小国」間の友好関係を犠牲にしたわけですが、アジアで勢力均衡を図った結果、数百年にわたって存在してきた由緒ある王国を消してしまうという痛恨の結果をもたらしました。これは、考えてみれば、近代国家体系の外にあったわが国が、そこに独立国として加わる代償として選んだ道であり、この事実に、今日近隣アジア諸国から歴史的責任を問われる根拠がすでに発生していることになります。こうして日本は、近代国家体系の原罪を背負いこんだことになります。私は、この問題を世界史的に論じるのであれば、今お話ししたような、いわゆる開国以来の日本の対外政策の軌跡というものを、冷戦終焉後の現段階においてしっかり問い直す姿勢が必要であると思います。

同時に、世界史の現段階において、近代国家体系への対応の仕方を、日本だけではなく、各国において問い直してみることが大事だと思います。アメリカは、第一次世界大戦の際に近代国家体系の大胆な問い直しを、自己の世界史的体験に基づいて提起しました。しかし、第二次世界大戦を戦い抜く中で、冷戦の一方の旗頭として登場した頃からの、近代国家体系に対するみずからの対応を問うて欲しいと思います。また世界史の現段階において、中国にも近代国家体系への対応の仕方をみずからの問題としてしっかり考えてほしいと思うのです。

南塚　一九世紀にヨーロッパの列強が争っている間に、いわば漁夫の利を得た日本が、アジアで列強と同じようなことをやる。そういう近代国家体系のあり方を反省することが、安倍政権を批判する根本的な力になるというご意見ですね。安倍政権はそういう反省をすることなく、近代国家体系に居直ろうとしているわけですからね。

4　政治的不寛容の行く末

小谷　今日の日本の状況を見ていますと、在特会などの民族主義・排外主義的な団体が活動を強めており、その中で、「国賊」とか「売国奴」といった戦前の日本を彷彿とさせるような言葉が飛び交っています。そういう政治的不寛容の状況、あるいは雰囲気が広まっていることを私は大変危惧しています。特に安倍政権は不寛容な感じがしますね。政権に批判的な新聞社を徹底的に追いつめるとか。政治的寛容というのは agree to disagree、すなわち、他者が自分に同意しないことに同意する、それを認めるということですが、日本の現状は disagree to disagree、すなわち、他者が自分に同意しないことに同意しない、それを認めないという状況になりつつあると思います。その点で、戦争中の日本に似てきているのではないでしょうか。

藤田　そうですね。国際化に伴い、外国籍の人々とふれ合う機会が増えているのに、そうした排外的問題が大きな社会問題となりつつあります。

全国に大小ある「コーリアン・タウン」は戦後日本で生きてきた在日韓

国・朝鮮人家族の存在証明といえます。敗戦直後、旧植民地の朝鮮・台湾から働きに来たり、徴用で連れてこられた人々のうち、祖国解放後も戻れなかった朝鮮人家族が相当数いました。彼らは焼け跡に朝鮮語学校を建て、闇市や安くて滋養に富むホルモン料理屋を立ち上げて生活防衛に乗り出し、そのたくましさと豊富な生存の知恵は極度の飢餓状態に苦しむ日本人との協力関係を生み出し、戦前の差別意識は薄れていきました。映画「キューポラのある街」[*1]の日本人・朝鮮人労働者家族が隣り合って暮らしている光景は、私の子供の頃の記憶と合致します。

だが一方でこの時期、「第三国人」という蔑称が生まれ、それと前後して日本政府は日本国憲法で定める国民の範囲から彼らをはずして社会保障を大幅に奪う措置を講じました。激しい抵抗闘争による「怖い朝鮮人」イメージから再び日本人との齟齬が生まれ、さらに高度成長に伴う社会構造の変化により、こうした差別は住環境や就職など、日常のさまざまな点で顕在化していきます。より多国籍の人々が混住している現在、大半の外国人は「研修生」「日系二・三世雇用」などの非正規労働に従事し、マイノリティへの差別はより多様な形で強化されています。

格差拡大や新自由主義の広がりにより、移民・外国人労働者排斥の動き

＊1　浦山桐郎監督・脚本、早船ちよ原作、吉永小百合・浜田光夫ほか出演、日活、一九六二年公開。

は世界的に活発化し、日本でも生活不安から鬱屈する者たちが在日の戦後史を知らずにヘイトスピーチに関与しています。だが安倍政権は、そうした動きをむしろ助長するような言動をとり、国連の人種差別撤廃委員会からも排外主義的な動きを止めるよう勧告を受けています。格差社会は「イスラム国」が生じた大きな要因ともいわれています。多国籍の人々の活動を抜きに経済が立ち行かない今、彼らを協力的な関係に導き能力を発揮させる政策に安倍政権はまったく考えも及ばない状態だろうと思います。

木畑　第一次安倍政権期（二〇〇六－〇七年）における安倍首相の姿勢を示した行為として、一つ強く印象に残っているのが、日韓歴史共同研究における日本側代表選考問題です。当時はまだ韓流ブームで、日韓両国の関係も友好的でした。第一期の共同研究が平行線ともいえる状況をもって終わったのち、第二期の共同研究を発足させるとすれば、両国の歴史観の相違を調整していく努力を積極的に行おうとする代表を選んで当然でした。しかし安倍首相の息がかかった形で選ばれた人々は、特に教科書問題を扱うグループではそのような姿勢を欠いていたのです。そうした安倍氏が健康上の理由で首相の座を降りたとき、これより悪い首相はまず出てこないだろうと思い、ほっとしたことを覚えています。集団的自衛権をめぐって彼が作った懇談会[*1]も、答申を出したまま安倍氏の下野によって存在感を失いました。それによって嵐は過ぎたといった感を抱いていた自分は、いかにも能天気であったと、今さらながら感じています。私は「平和研究」という講義の最後の二時間くらいを日本の問題に当ててきました。これは二〇〇九年から始めた講義ですが、「平和国家日本の姿」というテーマで話すとき、平和国家としての日本を作り変えようとするさまざまな動きがあることは強調しながらも、昨年から今年にかけて起こったようなドラスティックな変化があり得るとは予測していませんでした。不明を恥じる以外にありません。

5　世界史上の諸「理念」の横領

南塚　最後に、二つ指摘したいことがあります。

第一は、安倍氏が世界史上にこれまでに出てきた諸理念・諸概念をどう自分のものにしているかということです。彼の著書『新しい国へ』には、国家、ナショナリズム、ナツィオ[*2]、国民、国民国家、力、憲法、自由、自由主義、保守主義など、さまざまな理念・概念が出てきて、それらを十分

＊1　安全保障の法的基盤の再構築に関する懇談会。通称「安保法制懇」。

＊2　英語のネーションに当たるラテン語で、「出生」を意味する。

に消化して自分の思想があるというようなニュアンスになっているのです。これらの理念・概念は、ヨーロッパで生まれたものであるにしても、世界史的にさまざまな角度から議論され、その功罪が論じられてきているものです。ところが、安倍氏はそれを一方的に援用して都合のいいように利用していると言わざるを得ないのです。

二つだけ例を挙げてみます。まず、安倍氏の国家論です。彼は、『新しい国へ』の中で、「個人の自由と国家の関係」は緊張関係ともなり得るが、しかし、「個人の自由を担保しているのは国家」であって、その国家の機能が他国の支配によって停止されれば、個人の権利も制限されてしまうというのです。だが、こう続けるのです。「国家権力は抑圧装置であり、国民はそこから解き放たれなければ本当の自由を得たことにはならない、と国家と国民を対立した概念でとらえる人がいる」。しかし、「人は他人を無視し、自ら欲するまま、自由にふるまうことが可能だろうか」。もしそう行動したら「無秩序社会」「ジャングルの中の自由」があるだけだ。そうしないために近代社会は法を定め、「放埓な自由ではなく、責任ある自由」を選んだのだ。それが「国家」だ。だから「国家」を失ってはすべてがなくなってしまう。こうして、安倍氏はいわば、国家至上主義に行きついているのです。安倍氏の意識の中では、個人と国家とは「緊張関係」にはないのです。

世界史において人々は、こういう国家と国民の関係をどうするかについて、久しく悩んできているのですが、安倍氏はこれを一方的に断定し切り捨てて、「国家」は至上だと言わぬばかりなのです。彼は、時々ホッブズの『リヴァイアサン』[*1]を援用していますが、ホッブズは「社会契約」を前提に議論を展開していて、国家と国民の相互契約の内容を詳しく検討しているのです。そして、契約によって移譲されない国民の自由について考え、さらには国民は「戦争することを拘束されていない」とまで言っているのです（『リヴァイアサン』第二一条）。

もう一つ、これと関連するのですが、憲法の問題です。安倍氏は、憲法が「国家権力を縛る」ものだという考え方は「王権が絶対権力を持っていた時代」の考え方であって、現代では憲法は「国の形、理想と未来を語る」ものであると述べています。[*2]近代における憲法の世界史というべきものを見直してみる必要がありますが、歴史的に見て、憲法は、国民が従来の体制に抵抗して新たな権力ができた際に、その権力に対してその後のあるべき統治の仕方を約束させて、一定の規制をするために作られたことは

＊1　ホッブズが一六五一年に著した政治哲学書。国家の設立を、人間の自然権を基礎にした社会契約によって説明したが、一般的には、「万人の万人に対する闘争」を避けるために、個人が国家すなわちリヴァイアサンへ服従することが必要であるとした。

＊2　半田滋『日本は戦争をするのか——集団的自衛権と自衛隊』岩波書店、二〇一四年。

事実でしょう。しかし同時に憲法は、新権力が統治の理念を示すための道具としての役割を演じてきたことも確かです。ところが、安倍政権の場合、憲法の改正によって新たな統治の方向を示すのではなく、憲法を改正せずに、恣意的に骨抜きにしていくというやり方をとっているわけで、これでは国民の規制も及ぶところはないわけです。

こういう具合に、安倍氏は世界史の中での人類の知的成果を、一方的に自分の都合に合わせて利用しているのです。ほかの観念についても、しばしば同様のことが行われていますね。民主主義の根本にかかわる問題だと思います。

三宅　今の憲法の問題は非常に重要だと思います。

6　情報操作・世論操作の問題

南塚　指摘したい第二の点は、情報操作・世論操作の問題です。

最近出版された古賀茂明『国家の暴走』によると、「集団的自衛権は、憲法の解釈を正反対に変えるという極めて重要な話なのに、国会での議論はほとんど行われないまま決定されてしまった」のはなぜかというと、①

自民党の圧倒的多数、②強力な野党の欠如、③マスコミの批判能力の低下などの理由はあるが、これに加えて、④巧みな世論のコントロール、広報戦略があったというのです。古賀氏は、その担い手は「安倍チーム」ともいうべき集団で、経済産業省、外務省、政治補佐官、マスコミ関係者、そして菅義偉官房長官からなっているといいます。その手法は「まず派手な案をボーンと打ち上げて、それに対する国民の反発があるといったん引き、静かになったら少し違う形で出すということをくりかえす」というもので、チームは世論の動向、内閣支持率、株価、国内外の情勢などを観察・分析して、相当先までの政治日程を組んで、逆算してかなり前から手を打っているというのです。私は、このチームはさらに、権力寄りの知識人と、心理学を駆使する広告関係者などによってサポートされていると推測しています。

世界史的に見れば、国民の社会への意識が進んでくるのは、一九世紀中頃からです。イギリスの歴史家E・H・カーは、人々の「自己意識」[*1]の発展に伴う、経済法則の時代（マルクスの時代）から政治的な指揮の時代（レーニンの時代）への移行を指摘しています。[*2]レーニンの時代は、少数でも意識性の高い勢力がしかるべき政治目的を定め、その目的のために諸勢

＊1　E・H・カーは、一九世紀以後の歴史の発展を人間の「自己意識」の発展として説明した。一八－一九世紀には「社会における人間の行動を支配する客観的法則を理解する」ことが「自己意識」の課題であったが、これはマルクスが資本主義の運動の客観的な諸法則を解明することによって実現した。そして、二〇世紀には、「社会と、これを構成する諸個人とを意識的行為によって作り変える」ことが「自己意識」の課題となり、それはレーニンが典型的に体現したという。

＊2　E・H・カー著、南塚信吾訳『ロシア革命の考察』みすず書房、一九六九年。

力を動員し、指揮する時代なのだといいます。しかしレーニンは、その少数者の意見は多数の民衆の支持を得られると想定していた。その後、スターリンは、その少数が合理的であればその考えが多数に支持されなくてもよいとしたわけです。これに比べてヒトラーはもう少し困難な状況にあったといえます。スターリンは一枚岩の党組織を活用できたのに、ヒトラーはそうではなかったからです。そこでヒトラーは世論を操作しなければならなかった。同じく、フランクリン・ルーズヴェルトも「炉辺談議」[*1]で世論を説得しなければならなかった。戦後は、テレビの発達によって、世論操作の手段は拡大したが、基本的には問題は同じだったといえます。

だが、一九八〇年代に世界史には大きな変化が到来しました。情報化の時代に入ったからです。衛星放送やインターネットが活用され、さらにはソーシャル・メディアが普及しました。こういう時代の政治を安倍政権は実行しているのです。徹底した情報操作を行い、メディアを活用し、批判的なメディアに圧力をかけているのです。この間、まずは、経済政策で人気を取るべく「アベノミクス」という標語や「三本の矢」[*2]というフィクションを打ち出し、「異次元」や「バズーカ」という誇張を使い、次いで、経済面で支持されている間に、「積極的平和主義」を盗用しつつ、軍事的

＊1　アメリカ大統領F・ルーズヴェルトは、一九三三年に就任して以来、当時広く普及していたラジオを利用して、たびたび国民に直接話しかけ、ニューディールなどの政策への理解を求め、国民の支持を得た。これは「炉辺談義」と呼ばれた。

＊2　一六世紀前半の戦国武将毛利元就が、その三人の子に、一本の矢では簡単に折れるが、三本まとめると容易に折れないことをた

な政策を推進し、憲法第九条を骨抜きにする閣議決定と特定秘密保護法・集団的自衛権を手に入れ、そして、そのマイナス面が認識されないうちに、「女性登用」と「地方創生」というプロパガンダを展開してきています。こうした表象による世論操作によって、安倍政権は「改革派」というイメージを広め、政権を維持しているのです。これは一九八〇年代に始まる世界史の新しい段階の産物であると考えられるのです。

三宅　安倍首相が「アベノミクス」などという標語を掲げ、経済政策を重視していると主張することの意味は大きいでしょう。「経済成長こそ私の政権の最優先課題[*3]」だという主張は、今なお多くの人々を引き付け、支持率の高さにつながっています。しかし、円安誘導でも国内の製造業は生産力を後退させており、雇用と生活の不安定さは改善される兆しがない。むしろ悪化している。年金の原資をつぎ込んでの株価の維持も見通しは明るいとはいえず、国土強靭化の名目での従来型公共事業投資もうまくいっているようには思えません。このまま事態が推移すると、自民党に代わる政権ができたとしても、尻ぬぐいはかなりひどいことになる。

ただし、安倍首相が実際に進めたいのは改憲だけだという一部の見解は、必ずしも当たっているようには思えません。基本的には、前回の政権の失

とえに、三人が力を合わせるよう言い残したとされている。
ここでは、①大胆な金融政策（二パーセントのインフレ目標達成や無制限の量的金融緩和など）、②機動的な財政政策（公共事業への投資など、歳出投入による需要増加）、③民間投資を喚起する成長戦略（規制緩和など）を指す。

＊3　『文藝春秋』二〇一四年九月号。

敗から、ともかく目先を変えて政権を維持することが目標なのではないでしょうか。

南塚　「アベノミクス」がはらむ問題は、何なのでしょうか。経済の専門家はいろいろと疑問を呈しています。[*1] だが、歴史家として世界史的に考えれば、次の二点が重要だと思います。

まず、アベノミクスは、経済がグローバルになっている世界史の時代にあって、ナショナル・エコノミーの枠組みで経済政策を運営しようというところに、根本的な問題があると思います。例えば、企業がグローバルに展開している今、円安が輸出の増加などにつながらない。輸入価格の上昇が起き、逆効果になっているのです。異次元の金融緩和といわれる政策も、通貨を大量に流通させて潤うのは、グローバルに動き回る巨大な金融マネーであって、世界中の中小企業は潤わず、むしろ困っている。世界史的に見て、現代ほど「格差」が拡大している時代はないでしょう。

もう一つは、今、三宅さんの言われたことと関連するのですが、アベノミクスは金融経済至上主義の時代における政策だということです。実体経済との違いは、金融経済は「思惑」で動くということです。経済は、経済政策などの「操作」で動くわけで、投資家の「思惑」を操作することが大

*1　服部茂幸『アベノミクスの終焉』（岩波新書、二〇一四年）など。

切なのです。これを実行しているのがアベノミクスです。だから安倍政権の発足前に「株価」は上がり、発足後は乱高下するだけなのです。したがって、安倍政権は、「株価」を上げるためにさまざまな「政策」で市場を操作していくわけです。「市場や人々に広がった『デフレは終わるかもしれない』との期待こそが異次元緩和の生命線。期待がしぼめば、アベノミクスの本丸である成長戦略の実現も危うくなる」[*2]といわれています。ともかくもこれは、一九八〇年代以後の世界史の新しい段階の産物なのです。

三宅　経済成長の終焉や急速な高齢化・人口減は、日本列島のこれからにとって避けられない事態だと思います。人口予測など怪しいという見解もあるようですが、二一〇〇年に五〇〇〇万人にまで減るという中位推計[*3]が、傾向としてまったく不確かなものとは思われません。さらにこの急速な高齢化と人口減は、東アジア地域に共通するものです。

二一世紀末を見据えて、東アジアに生きる人々が将来を展望する際のヒントとなるような歴史学を考えるときなのでしょう。それがどのようなものであるのかは必ずしも判然としませんが、従来型の「経済成長」や外延的な「発展」を軸にしたものでないことだけは確かでしょう。今世紀中に地球全体の人口が飽和状態に達することは確実なわけですし。

＊2　コラム「意表突く一手　『期待』頼み」二〇一四年一一月一日付『日本経済新聞』。

＊3　国立社会保障・人口問題研究所「日本の将来推計人口（平成24年1月推計）」の「参考表1．出生中位（死亡中位）推計（2061～2110年）」。

経済面では、世界全体はもとよりいわゆる先進国でも途上国でも、分配の正義が問われている。こうした分配のあり方や、世代内ないし世代間での人々の社会移動に着目して歴史像を描くといった営みなどは、ますます重要になっていると思います。

南塚　責任は重大ですね。

本日は、大変有意義な議論をありがとうございました。最初に掲げた諸点については、だいたいご指摘がありましたし、そこに挙げていなかった論点も示されたと思います。安倍政権の問題として世界史的に論ずべき点はまだありますが、それはまたの機会にしたいと思います。

第一回座談会を終えて

南塚信吾

本日の座談会での議論をふまえて、改めて世界史の中に安倍政権をどう位置付ければいいのか、考えてみたいと思います。世界史の少し古い時代から始めて、重層的に考えていく必要があるようです。

《近代国家・国家論》

座談会では、まず、安倍政権の政治を見ていると、ヨーロッパで一六世紀からでき始めた近代国家、これはやがて「主権国家」となり「国民国家」となるわけですが、こういう近代国家について反省させられるという議論がなされました。領土と人民と権力（軍事力も）を兼ね備えた国家が規範として確立してくるのです。この近代国家の持つ諸原理がどのように普及したのか、どう歪められたのかなどを世界史的に考えて、その中に日本、ひいては安倍政権を位置付ける必要があるというのです。残念ながら、この点は今回の座談会では十分に展開はできませんでしたが、基本的な問題だと思います。

これに関して、安倍政権の「国家論」などを考えると、少なくとも一七世紀のホッブズの『リヴァイアサン』まではさかのぼる必要があることも指摘されました。一七－一八世紀のヨーロッパでは、社会契約説によりつつも国家と人民の関係、国家と自由の関係がいろいろと議論されました。ホッブズの『リヴァイアサン』は、名誉革命（一六八八年）後のイギリスの王権を擁護する議論で、それに対して、ロックやルソーなどの社会契約説が提起され、それがフランス革命（一七八九年）やその後の一九世紀の国民国家の基礎となったわけです。その後も、ヘーゲルをはじめさまざまな人による国家論が示されますが、そのような国家論の世界史を無視して、都合のよい理論をつまみ食いしているのが安倍政権なのです。ですから、いとも簡単に国家が「自由」の体現者のような言い方ができるわけです。

《憲法の歴史》

次に、安倍政権の憲法論も問題になりました。憲法論については、フランス革命期の世界史にまでさかのぼらねばなりません。

世界史の中での憲法の歴史を見ると、人民がいかに権力を制約するかという戦いの結果として憲法が生まれてきたものの、そういう憲法というものが生まれてしまうと、今度は権力が憲法を利用するようになって、自己の権力を正当化するために憲法を作ったり修正したりするようになります。しかし、その行為もそれ自体が、結局は権力に一定の制約をかけることであるのです。こういう歴史を考えると、憲法は国家権力を縛るものだとばかり言っていればいいというものでもなくて、それは国家権力と国民との間の取り合いの中にあるのがわかります。そういう意味では、安倍政権の憲法観は、まるでこのことを「自覚」しているかのようです。つまり、国民も、そのことを「自覚」しなければいけないということを示しているのです。

《近代国家体系と「普通の国」[*1]》

座談会で何度も取り上げられたのは、安倍政権の目指している「普通の国」に関係する問題です。「普通の国」というのは、基本的にはヨーロッパにおいて、一六世紀以来の近代国家が形を変えて登場した一九世紀の「国民国家」の諸原理に立ち戻るものです。ここに「国民」「国境」「国防軍」「外交」などの国家的諸原理が成立するわけですが、この時期の世界史の中で、諸国民国家の相互関係として「勢力均衡[*2]」という原理が登場しました。露骨な権力政治が対立し合う世界において、「平和」を維持するための原理として、バランス・オブ・パワーが有意義であると考えられたわけです。ビスマルクの時代がその典型です。しかし、現実には「真」の「勢力均衡」などはないわけで、その破たんが第一次世界大戦であったわけです。こういう世界史の教訓を知っていてもなお、露骨な権力政治に戻るのか、一九世紀のビスマルク時代に戻るのかという問題を、安倍政権の「普通の国」論は宿しているのです。

＊1　「普通の国」については、六六頁の注1も参照。

＊2　国際政治において、諸国家ないし諸国家群が同程度の「力（パワー）」を持ち合うことによって、戦争を抑止し、平和を維持することを目指す政策。「バランス・オブ・パワー」ともいう。実際にはパワーは測ることができず、これは「同等」であるというイリュージョンに基づいている。

座談会では、これに加えて、この一九世紀の「普通の国」が作る世界の構造的な問題も指摘されました。それはヨーロッパ的な近代国家体系の成立と安定の陰で、アジアにおいては日本という「普通の国」が、他のアジア諸国を犠牲にして近代化していくという世界史的な展開があったという問題です。こういう歴史をどう反省するかということが根本的な問題なのだという議論です。

一九世紀についての議論の最後に、この時代から人々の社会への意識（自己意識）が高まり、それに合わせて権力が民衆の間の意識のズレを利用しながら支配する時代が始まったことも問題とされました。これは一九八〇年代以後に重要な意味を持ってくるのです。

《戦間期》

座談会ではまた、第一次世界大戦後から第二次世界大戦開戦までの「戦間期」の世界史と安倍政権との関係も問題とされました。

この時期、世界の人々は二度と戦争のない世界を求めて、安全保障という概念を生み出し、国際連盟は特に「集団安全保障」というかなりユートピア的な概念を作り出しました。「不戦条約」なども結ばれたのです。しかし、これはファシズムの権力政治を抑えることはできませんでした。

座談会ではふれられませんでしたが、ひょっとして、この戦間期の世界史のユートピア的な側面は現代のそれに対比できないでしょうか。つまり、かなりユートピア的な「憲法第九条」の世界（それはこの憲法を持っている日本だけでなく、それを評価する世界諸国も含めて）と、それを押し流そうとする権力政治の世界との対立という意味においてです。この場合、戦間期のユートピアと比べて、第二次世界大戦後のユートピアがどのように「成長」しているのか、それを取り巻く条件がどう変わっているのか、などを検討する必要があるでしょう。

もちろん、戦間期のファシズムと安倍政権との対比も座談会では取り上げられました。ともに、その前の戦争の終わり方と戦後体制に対して不満を持っているという点で共通しているからです。しかし、ここでも時代的な差を考慮する必要があります。不満に対置されるものは、ナチズムの場合は「えせ革命」であったが、現代では「改革」となっていることや、情報操作・世論操作の手段と質の違いもあるからです。

《戦後体制と集団的自衛権》

さて、座談会の中心的議論は、戦後の世界と安倍政権との関係でした。

安倍政権は、第二次世界大戦後の世界史の歩みを「否定」するように見えます。もちろん、安倍政権は日本の戦争の終わり方と戦後の体制を「否定」しています。しかし、どうやら日本の戦後の歩みだけを否定するのではないようです。論理的に考えていくと、戦後七〇年間に積み上げられた世界史の蓄積を「否定」するように思われます。

座談会で指摘されたように、憲法第九条の下で非核、平和を掲げた日本は、戦後の世界で一定の評価を得、それを支持する国や人々の存在は世界史的に見て確かに新しい事態でした。そのような日本が、戦後の世界の安定に一定の意味を持ってきたことは否定できないでしょう。世界各地における日本のNGOの活動も、こうした背景があってこそ行うことができたわけです。またこういう憲法第九条を持つ国日本の存在が、中東において一定の緩衝的意味を持っていたことも否定できません。「平和の七〇年」は世界史的に意義あるものでした。安倍政権はこれを「否定」しようというのです。

代わりに政権が提起するのは集団的自衛権を行使する「普通の国」なの

です。

座談会で指摘されたように、この集団的自衛権の概念は、戦前の集団安全保障の概念を国際連合において焼き直したものです。焼き直しとはいえ、これでも戦後の世界史においては、アジア・アフリカの連帯の一助となったように、大きな意味を持っていたわけですが、安倍政権はこれも「否定」し、いわばアメリカと同盟するための集団的自衛権というものを新たに設置しようとしているわけです。戦後の世界史では、「冷戦」期には東西の対立が世界的な焦点となっていましたが、一九九〇年代からは、中東が世界の諸問題の焦点となってきました。東アジアでは、実際にはアメリカを巻き込んだ軍事対立は起こり得ず、大きな軍事対立は主に中東で起こりました。安倍政権はこの中東でのアメリカの政策に波長を合わせる形で集団的自衛権を容認し、武器や原発を輸出しようとしているのです。

なお座談会ではふれられなかったのですが、安倍政権が集団的自衛権の行使を閣議決定した際の議論の仕方も、一九世紀以来の人知を無視するものでした。それは、戦争の論じ方です。一九世紀のヨーロッパでは戦争論が正面から取り上げられ、有名なクラウゼヴィッツの『戦争論』[*1]においては「戦争は別の手段による政治の継続である」という認識が示されたりし

＊1　プロイセンの軍人クラウゼヴィッツ（一七八〇－一八三一年）はその著書『戦争論』（一八三二年）において、戦争は「他の手段による政治の延長」であるとし、戦争に政治のための手段という従属的地位を与えた。

ました。つまり、戦争をなくすにはなくす方向での政治が必要である、また一定の政治があるから戦争が生まれるということです。「ある朝突然、戦争が起こる」などということはないのであって、それなりの政治（外交）のやりとりがあって、はじめて戦争に至るということです。安倍政権はこのことを知らないわけではないでしょうが、「ある朝突然、戦争が起こる」というようなあり得ないケースを示すことによって、集団的自衛権を正当化したのです。

《一九八〇年代以後の世界史》

安倍政権は近代の世界史の動向を「否定」しているわけですが、実は、グローバリゼーション時代のはじまりというべき、一九八〇年代からの新しい世界史の動向に乗っているということができます。まず、これは、世界的なネオコンの路線であると言っていいと思います。軍産複合体の新自由主義の思想が保守主義と同居したものがネオコンですが、安倍政権はまさにこの路線を行っているわけです。

また、座談会で強調されたように、安倍政権は情報化時代の政権であると言っていいと思います。一九八〇年代以降、世界にはＩＴ革命というべき情報化の時代がやってきましたが、これは単に情報が豊かに多様になったというだけでなく、情報操作が容易に行われるようになったということでもあり、情報による国民操作も政治の一部となりました。

したがって、情報機関（メディア）による権力へのさまざまな形での浸透が可能となるとともに、権力から情報機関に加えられる種々の圧力も広範囲にわたるようになります。情報公開と秘密保護とは車の両輪なのです。安倍政権は情報公開が不十分な中での国家秘密の保護を進めています。他方で、国民のほうは、情報化によって「オタク」化し、政治に対する意識が希薄になっています。そこに、情報による国民操作が可能になる余地ができます。情報化は、国民のためにも権力のためにも役立ちますが、日本では後者のほうに傾きがちです。これが、一九世紀以来の国民の「自己意識」の発展と「民衆の意識のズレ」を利用する支配の、二一世紀的な現れなのです。

《否定できない存在理由》

今回の座談会でははっきりと議論されませんでしたが、以下のように言っても間違いではないように思われます。

以上のように、安倍政権は近代以後の世界史の成果を「否定」してきているわけですが、それを完全に「否定」しているわけでもなく、それに依存している面も多々見られます。そして、そういう「否定」をすることによって、一九八〇年代以後の世界史の動きにある程度適合しており、それなりの世界史上の「存在理由」はあるのであって、その登場は、束の間の現象ではないかもしれません。しかも、この情報化時代において特徴的なのは、一定のイデオロギー体系というべきものを提示していて、その情報を巧みに発信するところです。

このように世界史的に一定の「存在理由」を持つ安倍政権には、この世界史の新しい段階にマッチした内容と方法で対抗することが求められるようです。はたしてそれはどういうものになるのでしょうか。それは誰かが示すものではなくて、個々人が創意工夫によって見出していくものであるのかもしれません。

世界史の中の安倍政権〔第二回座談会〕

発言者：南塚信吾／小谷汪之／百瀬　宏／伊集院立／木畑洋一／三宅明正／藤田　進（発言順）

司　会：南塚信吾／小谷汪之／木畑洋一／三宅明正

（二〇一五年七月二五日、世界史研究所会議室にて開催）

はじめに――第一回座談会後の展開

南塚　昨年（二〇一四年）一一月に「世界史の中の安倍政権」について座談会を開催したのち、出版の件で手間取っている間に、事態はさらに進展してきました。そして、事態の進展に照らして、一一月の座談会でもっと論じておくべきだったと考えられる問題も出てきました。そこで一一月の座談会を「補足・増補」するのではなく、一一月の座談会を第一回目の座談会として、新たに第二回目の座談会を開くことにしました。

まず、前回の座談会以降の新たな展開を、簡単に振り返ってみたいと思います。昨年一二月に衆議院議員総選挙がありました。これは、情報操作が顕著で、マニピュレーション（操作）の時代の選挙と言ってもいいものでした。同時にこの選挙は選挙制度自体を政治（政局）が利用するという面が強く、また世論と議席分布の大きなズレが目立ったりして、民主主義の下での選挙のあり方について問題を提起しました。今年の四月には、NHKの「クローズアップ現代」の問題[*1]やテレビ朝日「報道ステーション」の問題[*2]があったりして、政府による情報の管理と操作の強化が問題になりました。同じく四月には安倍首相が米国議会で演説し、「日米同盟」の強

＊1　NHKの報道番組「クローズアップ現代」において、二〇一四年五月の放送で「やらせ」があったとされる問題が、二〇一五年三月に指摘され、NHKが調査委員会を立ち上げて調査する一方、五月からは放送倫理検証委員会が審議した。問題はこの件に政府と与党が関与して、放送に圧力をかけた疑いがある点にある。

＊2　テレビ朝日のニュース番組「報道ステーション」において、二〇一五年三月二七日に出演した元官僚の古賀英明氏が「官邸」を批判した問題で、政府が厳しく反論し、ひいては放送に圧力をかけたのではないかと疑われている。

第二回座談会の様子

化を宣言しただけでなく、懸案の安全保障関連法案の成立時期についてまで「公約」してしまいました。そういう中、五月五日に欧米の日本研究者による「一八七人の声明」[*1]が発表され、日本が歴史にきちんと向き合うべきことを忠告されました。次いで、六月四日には、衆議院憲法審査会で憲法学者三名が集団的自衛権は「違憲」であるとの見解を述べました。それにもかかわらず、七月一六日には、安保関連法案が衆議院を通過してしまいました。このような国会の動きに、国会周辺のみならず、全国各地で多様な人々の抗議活動が展開されています。

＊1　二〇一五年五月、アメリカその他の日本研究者など一八七人が「日本の歴史家を支持する声明」を発表、慰安婦問題をはじめとする歴史問題について、日本の歴史家の活動を支持するとともに、日本政府に対して「偏見なき清算」を求めた。ロナルド・P・ドーア、ジョン・W・ダワー、ヴィクター・コシュマン、ヨーゼフ・クライナー、エズラ・ヴォーゲルら、社会的に影響力のある日本研究者が含まれていた。

以上のような事態の展開をふまえて、今回は次の四つの柱で討論してみたいと思います。

Ⅰ　「戦後的なもの」への反発
Ⅱ　集団的自衛権について
Ⅲ　選挙と民主主義
Ⅳ　情報化社会と安倍政権

いずれも第一回の座談会でふれられてはいますが、その後の事態の進展をかんがみ、改めて議論したいと考えるテーマです。安倍政権の基本的な特徴は「戦後的なもの」への反発ととらえることができるのではないか。そういう意味で安倍政権は世界史的な動きの中にあるのではないか、というのがⅠの柱です。そういう「戦後的なもの」への反発が世界史的にどのあたりから現出したのかについては、前回の座談会でも論じましたので、今回は、その反発の具体的な内容として、Ⅱで「集団的自衛権」の問題、Ⅲで「選挙と民主主義」の問題を考えたいと思います。そして、そういう反発を実現させるための手段として、Ⅳの「情報」の問題を考えてみたいと思うのです。それぞれ議事の進行を、小谷、木畑、三宅の各氏と南塚が担当したいと思います。

Ⅰ 「戦後的なもの」への反発
――世界史的視点から安倍政権を考えると

小谷　安倍首相は繰り返し「戦後レジームからの脱却」ということを言っています。ということは、安倍首相には「戦後的なもの」に対するある種の反発というべき感情があるということなのだと思うのです。それで、安倍首相あるいは安倍政権における「戦後的なもの」への反発のあり方を、世界史的視点で考えるとどういうことになるのかという問題から、議論を始めたいと思います。

1　「戦後的なもの」とは？

第二次世界大戦は、世界中に戦火を広げ、五〇〇〇万人以上の死者と少なくともそれに数倍する戦争被害者を出しました。そのため、戦後においては、戦勝国の側でも、敗戦国の側でも、それから戦争に否応なく巻き込まれたアジアやアフリカの旧植民地やその他の国々でも、国際関係のあり方や社会関係のあり方について、深刻な省察が行われることになったわけです。その中から、「戦後的なもの」とでもいうべきものが共通の課題として意識されるようになってきました。それは、具体的には、次のような内容のものということができると思います。

（1）国際関係

①武力によらない国際紛争の解決（国連、その他の諸国際機関の設立と国際紛争の調停）

②民族自決権の尊重・植民地主義の否定（バンドン会議平和十原則など）

③人種や宗教による迫害の否定（反セミティズム、ロマ・シンティ迫害の否定など）

（2）国内体制

①基本的人権（生存権、社会保障・福祉、労働基本権、社会的差別の禁止など）の保障

②セキュラリズム（信教の自由・政教分離）

③教育の国家統制に対する制約

これらを具体的内容とする「戦後的なもの」は、もしそれが「歴史の白紙状態（tabula rasa）」において提起され、実現を目指されたのであれば、無条件に人類史的な普遍的意義を持つということができます。しかし、それは「歴史の白紙状態」においてではなく、第二次世界大戦の戦勝国によって形作られた国際関係（戦後世界体制）という、ある特定の世界史的状況において出てきたものなのです。

さらに、第二次世界大戦後の世界体制は、何も戦後になって突然にできたものではありません。それは、一九世紀後半の帝国主義の時代から第一次世界大戦を経て作り出されていった国際関係の延長上に形成されたものなのです。「戦後的なもの」について考える際には、そういうより長い歴史的射程で考えることも必要です。

「戦後的なもの」を規定しているこのような世界史的状況、それが「戦後的なもの」に対するさまざまな形の反発を引き起こすことになりました。「戦後的なもの」への反発は、第二次世界大戦の敗戦国[*1]に限られることではありません。アジアやアフリカの多くの国々でも、「戦後的なもの」への反発が多様な形で発現しています。それら多くの国々にとって、植民地支配からの解放、すなわち独立は確かに悲願であったし、それを可能にし

＊1　ドイツ、日本、イタリア、ブルガリア、ハンガリーなど。

たのは「戦後的なもの」の力でした。しかし、独立は歴史的課題の解決ではなく、むしろポストコロニアル状況[*1]と呼ばれるような新しい苦難のはじまりだったからです。

さらに、アメリカやイギリス、フランスといった第二次世界大戦の戦勝国においても、「戦後的なもの」への反発の動きがあります。これらのいわゆる先進国民国家の内部も決して一様ではなく、民族問題や人種差別など、さまざまな歴史的矛盾を抱えているからです。

それでは、最初に、「戦後的なもの」の土台をなす戦後世界体制について、議論していきたいと思います。

百瀬　私は、「戦後的なもの」について考える際には、明治維新までさかのぼって日本の歩みを学問的に問い直す姿勢が必要だと思います。議論の対象となるのが戦間期からだというのでは、日本の植民地とされた朝鮮の人たちが納得するわけがない。

明治維新以後に日本がやったことは、残念ながら、他人の土地にドカドカと土足で入りこんで自分たちの権益を確保するということでした。日本は、国際法は比較的遵守したといえるかもしれませんが、欧米勢力が世界に持ち出した自分たちのしきたりを守ったからといって、治外法権に泣か

*1　かつての植民地は、独立を達成したのちも、植民地支配の負の遺産を払しょくしきれないでいる場合が多い。このような状況をポストコロニアル状況という。

された欧米以外の人たちが納得するわけもありません。私たちは、薩長の「壮挙」を回顧するのではなく、近隣アジア諸国との友好を深めようとした徳川幕府とその支持勢力が、悪戦苦闘した歴史を誠実に振り返る必要があるのではないでしょうか。そもそも朝鮮通信使[*2]の日本への派遣は、東アジアの隣国が徳川幕府の努力を認めた証拠にほかなりません。膨張する近代欧米の波が日本に押し寄せてきたときの、統治権力としての徳川幕府の内外対応は、果たしてわが国の歴史家によって論じつくされたといえるのでしょうか。日本近代史についてまったく素人の私がたまたま思い付く事柄にしても、東アジアの学問界で唯一知られた日本の知識人安井息軒[*3]を、彼の死後、一八八一年に朝鮮の紳士遊覧団[*4]の人たちが訪ねてきた事実が気になります。

一九世紀後半という時代を考えてみますと、一八六〇年代を中心にヨーロッパを震源地として世界は大きな構造的変動に直面していました。その当時、ヨーロッパの「大国」が、北欧、東欧、バルカンにおける諸人民の運動（民族解放運動）の挑戦を受けたわけですが、結局「大国」が勝利をおさめて、帝国主義国として君臨することになりました。こういう大状況の下で、幕末から明治維新にかけて、徳川幕府やその支持勢力が東アジア

＊2　一般的には、江戸時代に朝鮮王朝から日本に派遣された外交使節団を指す。一六〇七年から、一二回派遣されたが、一八一一年に対馬まで来たのを最後とする。

＊3　幕末維新期の儒者（一七九九－一八七六年）。飫肥《おび》藩士。昌平坂学問所に学び、帰郷して藩校で教えたが、のち、江戸に出て私塾三計塾を開き、陸奥宗光ら多くの門人を育てた。

＊4　一八八一年に韓国政府から派遣された、総勢六〇人以上の視察団。日本の開化政策を調査することが主な目的であった。

の隣国との関係をどのように考えたのか、さらには一八八〇年代に至っても、自由民権運動の志士たちが権力政治に対抗して日本が立ち上げるべき方策を提案し続けた事実、こういったことが重視されるべきでしょう。そこに出てくるのが「小国」という概念です。

南塚 百瀬さんがつねづね主張しておられる「小国」の意義ですね。

百瀬 そうです。「小国」は、近代国家体系という権力政治の論理の上に成り立つ「大国」とは相容れない存在だと、私は考えております。私が国際関係史の学会で自分の考えを披露したとき、中国人研究者から、この発想に対する支持の表明と同時に、「徳によって成り立つ」中華帝国に対する再評価の提言がありました。この辺に、日本の研究者が、近隣アジア諸国の研究者に問いかけていく契機があるのではないか、と私は考えます。

そもそも、この列島の上に国家を形成した日本が「大国」である条件は本来ないと思います。しかし、大陸に国家を形成した中国を意識すると、どうしても「小国」という地位に甘んじるのは癪でしょうがない、そこで、「大国」ではあり得ない日本は「上国」[*1]だという考え方が出てくる。これが実は断続的に続いてきて、近代日本の国粋主義につながっていくことは、すでに指摘されている通りです。私は、「小国」を「歴史の上で見るべき

＊1　平田篤胤『古道大意』に「何ほど広大なる国じゃと申しても、下国は下国、狭く小さくても上国は上国で」とある。篤胤が高

役割も果たさないつまらない国」と見なすような一般的な観念を徹底的に問い直すべきだと思うのです。

一九世紀の後半に目を向けますと、今言ったような「小国」の概念を掲げて諸大国に対応しようとしたのは、朝鮮でした。これについては、韓国の研究者がすでに論じているところです。ただ、残念ながら、そのときには日本はすでに「大国」化へと舵をきっていました。日本にとって「小国」という選択の可能性があったのは、せいぜい岩倉使節団派遣の時期（一八七一―七三年）までですが、選択肢という点では、長州・薩摩の挑戦はさておき、徳川幕府自体にどのような可能性があったかを、特に日本史の研究者が真剣に考える余地は「今」ないのか、という疑問を感じます。そういう学問的営みが、特に中国に投げ返される必要はないのか。「徳」をもって東アジアに君臨した中華帝国の遺産は、近代国家体系の「力」の伝統に対する挑戦にどのように生かされるのか。これは、私のような「小国論者」が切に期待しているところです。

小谷　百瀬さんの問題提起は次の二点にわけることができると思います。

①長い歴史的射程で、戦後世界体制を一九世紀以来の近代国民国家体系

く評価したのは、領土面積が小さくはあっても守るに地の利を占め、自給自足が可能であり、かつ、尚武の気風に富む同質的な国民を持つ国家であった。さしあたり、百瀬宏『小国――歴史にみる理念と現実』（岩波書店、一九八八年）を参照。

の歴史の中に位置付けてみると、どういう特質が浮かび上がって来るのか。

②戦後世界体制に対する批判の視座として、近代国民国家体系の中でも一つの可能性として存在した「小国主義」が有効性を持つのではないか。

これらの点について、ご意見のある方、お願いします。

木畑 百瀬さんのおっしゃることは非常に当然だと思います。近代国民国家体系に対する批判が、確かに戦後の世界を導いていく理念になりました。それが実現されるかどうかは別としてですが。その萌芽は第一次世界大戦後にすでに見られたわけですが、第二次世界大戦ののちにさらにはっきりしてきました。近代国民国家によって作られた世界があれだけの犠牲を生み出す戦争を引き起こしてしまったことが、その大きな理由だったわけで、二つの世界大戦あるいはその戦後を考えるときに、近代国民国家体系のあり方にさかのぼってみることが必要だと私も思います。

日本の場合、近代国民国家の建設を目指した明治維新から第二次世界大戦後に至る経路をどういうふうに考えてみるかが大きな問題ですが、その文脈に、小国主義の問題は入ってくると思うのです。近代日本でも、ある種の小国主義を選択していく可能性はあったのではないでしょうか。けれどもそれは結局実現せず、大国化が目指されました。戦後の日本の場合、近代国民国家体系の中心的要素となり、大国化の基礎ともなった軍事力をいったんは放棄しようとしたわけで、そこから小国主義を選択する可能性もありました。しかし、その選択は結局なされず、小国主義的色彩を持つ方向を完全に放棄する姿勢が、現在の安倍政権によって示されていると思うわけです。

南塚　明治維新以後の歴史について、安倍氏の『美しい国へ』では、日本が独力で見事に近代国家を作ったことを礼賛しています。だから、小国で連帯という話は一切ないですよね。

百瀬　はい、ありません。

小谷　それでは、この辺で次の問題に行きましょう。

2　「戦後的なもの」への反発——世界史的展望

小谷　「戦後的なもの」への反発はさまざまな現象形態をとって現われて

いますが、それを、戦後世界体制そのものに対する反発と、「戦後的価値」に対する反発の二つにわけて議論していきたいと思います。

戦後世界体制そのものに対する反発

小谷 今日、戦後世界体制そのものに真正面から反発するような動きとしては、どのようなものがあるでしょうか。第二次世界大戦の敗戦国には、このような動きが見られても不思議はないように思うのですが、例えば日本の場合には、そのような動きは見られないと言ってよいでしょう。その点で、ドイツのネオ・ナチの場合はどうなのでしょう。かつてのナチズムは第一次世界大戦後の世界体制そのものに対する反発から生まれたように思えますが。さらに、ハンガリー、ブルガリアなどのような東欧の敗戦国では、そのような反発は起こらなかったのでしょうか。

今日、時に極端な形で現れているイスラム世界における諸運動には、戦後世界体制そのものに対する根底的な反発が認められるように思われます。特に、中東地域では、戦後世界体制によってイスラエルという「異物」を押し付けられたことから、戦後世界体制そのものに対する反発がさまざまな形で発現していると言ってよいでしょう。例えば、新興国民国家の枠組みを超えたイスラム主義的動きは、戦後世界体制に真っ向から異議を唱えているように見えます。

これらの点をどう考えればいいのか、議論してみたいと思います。

伊集院　小谷さんから、戦後世界体制への反発と戦後的価値への反発の二つにわけて考えるというお話がありました。それはまったくその通りだと思うのですが、ナチズムに関して、ナチスの目指したのが世界体制に対する反発なのか、その体制の志向する価値に対する反発なのかという問題があります。ナチズムは第一次世界大戦後の世界体制そのものに対する反発から生まれたと言われていますが、これに対して私は少し疑問を持っております。

ヒトラーの歴史のとらえ方は、それまでのドイツ史のあり方そのものへのアンチテーゼで、歴史的に克服したい課題を彼は持っていたわけです。つまり、民族主義を歴史の原点に置き、歴史を突き動かしていく原動力は民族の力、ゲルマン民族の力だという。その考え方が彼を強く支配していて、第一次世界大戦はもちろんですが、ビスマルク後のドイツ帝国（一八七一－一九一八年）すら突き崩し、批判していく。かつてのドイツ国歌一番で「ドイチュラント、ドイチュラント、ユーバーアレス」（ドイツはすべてに勝る）という場合に、それは体制を指すような気もするのですが、やはりゲルマン民族という価値観が基本にあると私は考えています。

小谷 第二次世界大戦後のドイツの場合はどうでしょう？

伊集院 戦後西ドイツの憲法は、「ドイツ連邦共和国基本法」[*1]といいます。この「基本法」、つまり西ドイツ憲法は、ワイマール憲法とは大きな違いがあります。ワイマール憲法では、最初に国家の性格（共和国）と各州の関係が規定されていますが、「基本法」の第一部には、まず「基本的人権」が規定され、その第一条には「人の尊厳の擁護」が掲げられています。第二部に「連邦と州」が規定され、第二三条に「基本法」が施行される州が記されていますが、「それ以外のドイツでは参加以降施行される」と、東ドイツ諸州の将来の参加もぼやかして規定されています。まあ、明確に「東」という言い方はしていませんが、「将来加入すべき州」という形で。これが戦後世界体制への反発に当たるかどうかわかりませんが、東西分断に対する反発、東西にわかれているドイツの統一を回復すると主張しているわけですね。

それから、ナチズムと日本の右寄りの勢力との違いですが、ドイツにもネオ・ナチによる「ホロコーストはなかった」とか、「国防軍とナチスは

＊1 一九四九年五月八日制定、同月一六‐二二日に三分の二以上の構成州で承認。

別物だった」というような議論があります。これが、今申し上げたような戦後的価値を突き動かす要素を持っていることは否定できませんが、しかし、戦前のナチズムの価値観を実現しようとする力はかなり弱いです。

日本についていては三宅さんにいろいろ教えていただきたいと思いますが、象徴的なのは皇室典範ですね。皇室典範によって天皇の位置付けを決めた。日本国憲法自体、ドイツと違って天皇に関する条項から始まっていますから、そういう意味でもドイツとは大きく違うと私は思います。

南塚　ベルサイユ体制への反発やワイマール民主主義への反発などがまず思い浮かびますが、それらはあまり意味がなかったということですか？

伊集院　ベルサイユ体制への反発、また、それを支えたとされたワイマール体制への反発、社会主義への反発は当然あるのですが、ヒトラーの歴史観の根底にあるのは、やはり民族の力が歴史を突き動かしていく姿だと思います。皇帝主義や帝国を彼は大嫌いなんです。ドイツ民族や「我が党」が大切で。『我が闘争』[*2]の中に皇帝批判が出てきます。日本の外務省が一九三一年に仮訳した『我が闘争』では、その部分を天皇批判につながるからということでしょうか、削除して訳していますね。

三宅　ヒトラーは労働者に対する働きかけがすごく強いでしょ。

＊2　Adolf Hitler, *Mein Kampf*, München, 851.-855. Auflage 1943. 日本語訳は未刊。

伊集院 ドイツの歴史家エバーハルト・イエッケルがヒトラーの一九〇五年くらいから二四年までの全記録（演説・新聞記事など）をまとめているんです。ドイツの各文書館に協力を求め、所蔵されているヒトラーの史・資料を全部出してもらって、まとめたのです。[*1] 初期のヒトラーの言動について知るのに非常に貴重な史料集です。その中でヒトラーは「働かないで他人の上澄みをかすめている人間はだめだ、それがユダヤ人だ」と。これが彼の反ユダヤ主義の重要な論理ですね。働く者、手に職のある人間、これが力を合わせてドイツ民族や国家を作っていく。これが彼の考え方の根底にあるんです。

小谷 その延長線上で新しい国際秩序や国際体制を作ろうという意図はあったのですか？

伊集院 彼は「ドイチェス・ライヒ」、つまり「ドイツ帝国」という言葉が嫌いで、「グロース・ドイチェス・ライヒ」、つまり「大ドイツ帝国」といっています。また、意外に思われるかもしれませんが、「第三帝国」という言い方は嫌いなんです。第一帝国が神聖ローマ帝国、第二帝国がビスマルクの帝国、そして第三が、保守派の思想家メーラー・ファン・デン・ブルックなどが主張している脱ワイマールの帝国です。しかし、それだと

＊1 Eberhard Jäckel zus. mit Axel Kuhn (hrsg. von), *Hitler. Sämtliche Aufzeichnungen 1905-1924*, Deutsche Verlag-Anstalt, 1980. 日本語訳は未刊。訳は引用者。

従来の「帝国」の連続だから嫌だと。ドイツ民族がいるところ、オーストリアはもちろん、ポーランドの一部も、とにかくドイツ民族がいるところはすべてひとまとめにしようというのが彼の考えです。「大ドイツ」という言葉にはそうした意味が込められていると思います。

木畑　ヒトラーは、ある秩序を作るという目的を持ってヨーロッパを占領していったわけですよね。一方、戦争中に、そういうヒトラーの支配に抵抗する側、つまり、自分たちの国を解放しようとしたレジスタンスの側からも、ヨーロッパを一体化しないといけないという議論が出てきました。そこでは、すでにヒトラーがヨーロッパをまとめているので、ヒトラー打倒後におけるヨーロッパ統合の条件が生まれているという議論も見られます。レジスタンスの中でのそういったヨーロッパ統合論が、戦後、現実のヨーロッパ統合にどういうふうにつながったのかについてはいろいろと議論がありますが、戦後のヨーロッパ統合が、人権の尊重や法の支配、民主主義といった価値観を軸としながら進んでいったことの歴史的背景には、ナチズムの存在があるわけです。

小谷　もう一つ、戦後のドイツ分断に対する西ドイツの反発は、具体的にどういうものだったのですか？

伊集院 さきほど申し上げたように、第二次世界大戦後の西ドイツ憲法は東ドイツとされている六州の統合を前提としていて、憲法自体が東ドイツを認めていないのです。

小谷 国連などの場で東西ドイツの統合を主張するなんてことはやっていない？

伊集院 共産圏に対抗するために設立された北大西洋条約機構（NATO）などに加わっていますから、ないんじゃないかな。

さっき木畑さんから、ナチスが統合した地域でヨーロッパ統合の基盤ができたというお話がありました。フィッシャー論争[*1]でドイツの歴史家フリッツ・フィッシャーが見つけた宰相ベートマン・ホルヴェークの文書があります。これは、ベルギーのほか、フランスとロシアの一部の併合案で、第一次世界大戦のドイツ側の開戦理由として重要なのですが、同時にこれがのちのEUの基礎になると、フィッシャー自身は言っているんですね。

小谷 木畑さん、戦後世界体制との関係という点で、イギリスやフランスの場合はどうですか？

木畑 ヨーロッパにおける戦後体制の出発時点では、ファシズムに対する勝利を前提とした民主化が中心となっており、ヨーロッパの東西でさほど

＊1 フィッシャーが、ドイツには第一次世界大戦の戦争責任はないとの定説を覆して、ドイツの指導勢力は戦前・戦後を通して連続した戦争目的を持っていたとし、一九六〇年代にドイツを中心に国際的な大論争を引き起こした。その中で、フィッシャーは、ドイツ主導のヨーロッパ統合構想があったことを明らかにした。フリッツ・フィッシャー著、村瀬興雄監訳『世界強国への道1――ドイツ

大きな差はなかったと思います。それが、冷戦の進展によって、大きく東西で分岐したわけです。西ヨーロッパの場合、大まかにいって戦後は福祉国家体制の構築が追求されました。したがって、戦後体制の否定は、福祉国家体制批判という形で出てきます。それを最もはっきり示したのが、イギリスで一九八〇年代に政権についていたサッチャーで、彼女の下で福祉国家体制が崩されていきました。ただし、イギリスの福祉国家体制の核ともいえる国民医療制度[*2]を壊すことは、サッチャーにもできませんでした。イギリスでは、その後もじわじわと戦後体制の破壊が進んでいき、現在の保守党政権の下でそれがさらに進んでいるという感が強くします。

フランスでも、極右の国民戦線などによる福祉国家体制攻撃が一九九〇年代から強まっています。そうした勢力が最近の選挙で見られるように影響力を拡大していることは、憂慮すべき事態です。

南塚　東欧諸国の場合ですが、東欧諸国全体についてきちんと見ているわけではないので、ハンガリーを中心に考えたいと思います。ハンガリーでは、「戦後的なもの」はまさに「社会主義体制」であったわけです。それは冷戦下でソ連によってもたらされた体制で、ハンガリー国民が自発的に作り上げた体制ではなかったわけです。そういう「戦後体制」への不満は、

の挑戦，1914‐1918年』（岩波書店、一九七二年）参照。

＊2　一九四六年に成立した制度で、医療にかかわるサーヴィスを政府の統括の下に置き、経費の大部分を税金でまかなうことで、すべての人々が無料で医療を受けられる仕組みが作られた。

ハンガリー独自の社会体制を求める動きとしてずっと続いていました。一九五六年のハンガリー革命などがそうですし、一九六八年の経済改革や一九八〇年代の改革もそういうものでした。だけど、そういう動きは、八〇年代に「市民社会」*1論によって乗り越えられて、一九八九年末に社会主義体制は崩壊してしまいました。

そしてしばらくたって、「戦後的なもの」への反発が具体化してきました。それを体現するのが、現在のオルバーン・ヴィクトルの政府です。彼の率いる青年民主連合（フィデス）が政権をとったのが、一九九八年でした。第一次オルバーン内閣は二〇〇二年に失脚しますが、八年ほどの在野期を経て、二〇一〇年には第二次内閣ができ、一四年からは第三次に至っています。この経緯が安倍政権と似ていておもしろいのですが、政策も比較的似ているのです。

オルバーン内閣は、「二九項目の経済改革」を打ち出して、自由主義的経済政策を掲げますが、その内実は「中央からのコントロール」の効いた自由主義です。強烈なナショナリズムを主張して近隣諸国と紛争を起こし、EUに入ってはいても、そことは最小限のつながりを持つだけで済まそうとしています。フィデス政権は、もちろん一党支配という「戦後体制」は

＊1 「市民社会」という言葉はあいまいな言葉である。封建社会を脱したあとの「ブルジョワ社会」を市民社会ということもあるが、ここでいう市民社会とは、階級的な意味合いを捨てて、国家権力との関係で、それとは独立した市民的権利と市民的自由を主張する人々の連合体をいう。一九八九年の東欧革命の前には、国家の主導する社会主義ではなく市民社会こそが人々を豊かにすると宣伝された。

批判しているわけですが、いまや首相の権限を強化し、自己と人的つながりの強い人物を全国の要所に配置しています。そして、強力なメディア規制を導入しています。二〇一二年には憲法を改正して、国名を「ハンガリー共和国」から「ハンガリー」に改め、憲法裁判所の権限を縮小し、「リベラル・デモクラシー」ではなく、「リベラル国家」[*2]なるものを打ち立てようとしているのです。もはや「市民社会」などはどこかへ飛んでしまったようです。

おそらくほかの東欧諸国でも、程度の違いはあれ、このような「戦後的なるもの」への反発は見られるのだと思います。

小谷　安倍政権といろいろなところが似ているのですね。

ところで、今のイスラム世界におけるさまざまな動きを見ていると、戦後世界体制のトータルな否定にまで行き着きそうに見えるのですが、藤田さんはどういうふうにお考えですか。

藤田　今、「イスラム国」があれだけカリフ制国家という国家体制を打ち出しているのは、正義や公正など、誰にとっても極めて当たり前の理念というか、思想が中東では全然守られていないという絶望感からだと思います。

＊2　オルバーンが二〇一四年に第三期の首相に就任したのちに打ち出した概念で、現存の自由民主主義を否定して、もっぱら個人の利益に奉仕する国家ではなく、福祉を第一に重視し、しかも個人の権利や自由を尊重する国家を目指すとする。

イスラム世界では、アッラー信仰の下、異教徒同士が共存していました。イスラム教徒もユダヤ教徒もキリスト教徒も、皆アッラーの下に平等で、アッラーの下で誠実に生きることを紐帯としてまとまっている世界、それがイスラム世界だという共通認識が根本にあるように思います。これを現代においてどうやって維持していくか、一九世紀後半からずっとこの問題が根本にあると思うのです。

一九世紀、ヨーロッパのカトリック教徒は、イスラム世界のカトリック教徒に向けて経済援助をした。すると、同じイスラム世界の中で宗教の違いで格差が出てくる。それはイスラム世界における新たな危機の発端となりました。イスラム世界の長であるオスマン帝国のスルタンも完全にヨーロッパの従属下に入ってしまい、スルタン・カリフ制が全然その役割を果さなくなる。こういう状態になったときに、アラブ世界はオスマン帝国のスルタンでは統治できないということで、自分たちの王国を再構築しようとしたわけです。

ところが、第一次世界大戦後、アラブ世界が英仏により委任統治され、英仏の選んだ特定の宗派や、特定の部族の長が支配者として位置付けられた。このとき、イスラム世界の統治者は、アッラーの教えの下、すべての宗教が平等だという理念を捨てて、イギリスやフランスの庇護の下にみずからを置く。この一九世紀におけるイスラム世界の分断に対する危機感は第一次世界大戦のときもずっと継承され、第二次世界大戦の後まで続いていく。第二次世界大戦の終了とともに英仏の支配が終わったので、イスラム世界に平等な共同体を作ることを彼らは望んでいましたが、それはかないませんでした。

小谷　それをこばんだのが戦後世界体制だということですね。

藤田　ええ。ここからなんですが、イスラム世界における戦後世界体制への反発とは、やはりアメリカとイスラエルが連動した支配体制への反発だと思うのです。

英仏による植民地支配の終了によって、アラブ世界は再統合と真のアラブ民族独立実現の機会を迎えました。しかし、一九四八年五月、超大国アメリカがユダヤ人国家イスラエルの独立を実現させると、イスラエルはパレスチナ住民を追放し、その領土を占領し、アラブ民族独立の機会を奪った。そしてパレスチナから追放され難民となった人々は、アメリカの主導する国連パレスチナ難民救済事業機関に収容されますが、それは難民がイスラエルに再び戻らないように囲い込むための手口でした。同年九月には、パレスチナ難民の帰還を認める国連総会決議（決議一九四）が出されましたが、イスラエルが認めないので、帰還することができない。イスラエルはその後もアラブの領土を占領して土地を没収し、そこにイスラエル人の入植地をどんどん作っていく。こうしたイスラエルの国際法違反も、アメリカが黙認すればそのまままかり通ってしまう。このような、アメリカとイスラエルの連動により、アラブ民族による、イスラム世界の再構築ができなくなっている。この事態が、第二次世界大戦後の世界体制に対する反発を生んでいるのです。

小谷　「イスラム国」にしろ、アルカイダにしろ、アラブ国家の独立という枠組みからはみ出しているわけですよね。そういう動きとは違う動きをするしかないということで出てくるのかな。どうでしょうね、その辺。「イスラム国」なんてつぶされそうに見えて、全然つぶれないですよね。

藤田　二〇〇四年四月から七月にかけて、アメリカ軍とアメリカの訓練したシーア派中心のイラク軍が合同でファルージャを廃墟にした。そこでものすごい虐殺が行われた。このような状況の下で「イスラム国」が出てきたわけです。フセインがスンナ派要人を配して築いたイラク軍事独裁体制が解体されて、スンナ派はアメリカ占領軍により、徹底的に攻撃された。

そういう中で、かつてのイラク政府軍のスンナ派の軍人たちが「イスラム国」に加わっているのでしょう。

南塚　ちょっといいですか。それまでの英仏の中東政策にアメリカが介入するのは一九五七年あたりからだと一般的に思っていたけれど、今の話だと、第二次世界大戦直後からアメリカのイスラエルへの肩入れが始まって、両国の中東諸国への圧迫支配が進んで、一九五七年あたりがそのピークだということですかね。

藤田　アメリカの圧倒的なイスラエルへの肩入れは、一九四五年のアウシュビッツからの解放に始まりました。あのとき米軍が入って、生存者たちをドイツ国内のアメリカ・イギリス占領地区の収容所へ入れた。で、一時ユダヤ人をポーランドへ帰国させますが、ユダヤ人の財産を奪ったポーランド人の襲撃が待っている故郷にもいられないから、同年八月にトルーマンが、一〇万人のユダヤ人をパレスチナに受け入れろという要請をイギリス政府に出しているんですね。これは拒否されますが。その後、一九四七年のトルーマン・ドクトリン[*1]から、アメリカが英仏の中東統治の肩代わりをし始めます。トルーマン・ドクトリンが実行された頃、サウジアラビアのアラムコという石油会社が石油をヨーロッパに輸送して大変な利益を上

＊1　アメリカ大統領トルーマンが一九四七年三月に、ギリシャ、トルコへの軍事援助を訴えた議会演説で表明。アメリカがイギリスに代わって、中東への共産陣営の拡大を防ぐことを目的とした。

げる。トルーマン・ドクトリンが出されたのと同じ日にアラムコがアメリカのほかの石油会社と再統合するんです。そのため、アラムコの石油輸送ルートを保護するため、東地中海の防衛が重要になり、アメリカが直接イスラエル建国実現の後押しに乗り出していくのです。

南塚　なるほど。

小谷　こういった世界全体の動きの中に、安倍政権の問題もあるわけですが、安倍政権の問題については最後に議論することにして、次の問題に行きましょう。

「戦後的価値」に対する反発

小谷　次に、「戦後的なもの」の内実をなす「戦後的価値」に対する反発の問題を取り上げたいと思います。

(1) 基本的人権

高度な社会保障制度や教育政策により、人間の基本的権利としての生存権を保証するという考え方は戦後的価値の一つの大きな柱です。しかし、一九九〇年代から顕著になってきたいわゆる「新自由主義」は、自己責任の名の下に、このような戦後的価値を否定しようとしているように見えます。そのような戦後的価値に対する反発が、アメリカという超大国で起こってきたことの意味をどうとらえればいいのでしょうか。

基本的人権の問題が尖鋭的な形で発現するのは社会的差別においてです。南アフリカのアパルトヘイト、アメリカにおける黒人やインディアン（ネイティヴ・アメリカン）に対する差別、インドの不可触民差別、日本における部落差別など、差別廃絶の問題が課題として強く意識されるようになってきたことも戦後的価値の重要な一要素です。

しかし、今日なお、これらの差別の根が一掃されたとは到底いえない状況にあることは、アメリカ南部における最近のクー・クラックス・クラン（KKK）の動きなどが示しています。[*1] その上さらに、これらの「旧差別」に加えて、ヨーロッパその他の地域における移民や難民に対する差別といった新たな差別が拡大してきています。最近日本で、在日に対する嫌がらせやヘイト・スピーチがエスカレートしているのも差別の新しい段階を示しているようです。これらの新たな差別は、戦後的価値を否定するような動きを生み出すのではないかという恐れを感じています。

＊1　二〇一五年六月一七日夜、アメリカ、サウスカロライナ州チャールストンの黒人教会が白人至上主義者の青年に襲撃され、信徒九人が死亡した。これを機に、白人至上主義のシンボルとなっている、南北戦争期の旧南部諸州の旗の掲揚が禁止されたことに対して、クー・クラックス・クランが激しい抗議活動を行った。

（2）セキュラリズム

戦後的価値の一つの柱であるセキュラリズム（信教の自由・政教分離）に対しても、さまざまな形で反発が現れています。イスラム主義的な動きがその一例であることは言うまでもありませんが、インドにおけるヒンドゥー至上主義[*1]（ヒンドゥトヴァ）の動きや、アメリカにおけるキリスト教原理主義[*2]の動きなど、そのほかにもさまざまな動きがあります。日本における靖国参拝など、戦前の国家神道への回帰を策すような動きもその中に入れることができるでしょう。

宗教に起因する血なまぐさい闘争は歴史と共に古いことがらですが、戦後的価値としてのセキュラリズムはそれに終止符を打とうとするものであったといえるでしょう。しかし、宗教的情熱が人間の一種の本性に基づくとしたならば、セキュラリズムは、戦争終結からかなりの時間が経過し、戦争の悲惨さの記憶が薄らいできた今日、なお、どれほどの説得力を持ち得るのだろうかという思いがします。

（3）教育の国家統制に対する制約

教育、特に歴史教育によって国家が国民を統合しようとするのは、あら

＊1　ヒンドゥトヴァ（ヒンドゥー性）をスローガンに掲げ、ヒンドゥー的価値を絶対視して、他の宗教を排撃しようとする思潮、およびそれに基づく政治行動。一九九〇年代から勢力を強め、一九九八年にはインドの政権を掌握した。

＊2　一九二〇年代のアメリカで、聖書の無謬性を主張した福音主義者たちの考え方をいうが、今日では福音派内の特に保守的な人々の考え方を指していう場合が多い。

ゆる国民国家に共通することです。そのような国家の歴史教育統制に対して、少なくとも制約を加えるべきだというのが戦後的価値の一側面であったということができるでしょう。しかし、そのような戦後的理念が極めてもろいものであることは、何よりも歴史教科書の問題が示しています。歴史教科書をめぐる日本、韓国、中国の間の長期にわたる紛争はその顕著な一例ですが、インドなどの新興独立国でも、歴史教科書をめぐっては政治的抗争が頻発しています。その点、アメリカやヨーロッパ、あるいはイスラム圏の諸国家の場合などはどうなのでしょう。

ということで、最初に、イギリスやアメリカのような最先進国で、サッチャリズムや新自由主義といった、「戦後的価値」を骨抜きにするような政策が出てきたのは何故なのか、という問題から議論を始めたいと思います。木畑さん、お願いします。

木畑　サッチャリズムが福祉国家体制批判を軸としていたことについては、「戦後世界体制そのものに対する反発」の項でいくらか述べましたが（一三二頁）、もう少し敷衍してみます。

ナチズムが打倒されたのち、戦後世界で基本的人権の重要性が浮上してきました。基本的人権を保障するためには、人が生きていく際の現実的な条件を保障しなければいけないという基本的な考えに基づいて、福祉国家体制が出てきたと思うのです。この福祉国家体制は、ヨーロッパが戦後復興し、ある程度好景気だった頃は、幅広い支持を集めていたわけですが、一九七〇年代半ばから各国経済に翳りがみられ、「ヨーロッパ悲観主義」[*1]と呼ばれるような雰囲気が広がって、将来に対する希望が揺らいでくると、今度はそういう状況を作り出している原因として、福祉国家体制に対する批判が表面化してきました。そうしたイギリスで登場したのがサッチャーで、福祉国家体制の破壊を中心にすえたサッチャリズムを推進したわけです。市場で力のあるものが勝利をおさめることをよしとするサッチャーのような考え方は、レーガンや中曽根元首相など、国際的にも広がっていきました。

しかし、福祉国家体制への攻撃はすべてうまくいったわけではありません。先にもふれましたが、イギリスの場合、人間の基本的な価値である命を保障するものとして、戦後の福祉国家体制の中心軸となった。誰でも医療をただで受けられる国民医療制度にも、サッチャーは手をつけようとしましたが、うまくいきませんでした。しかし、そういう攻撃が行われる中

＊1　一九七四年頃から一九八〇年代前半にかけて、西ヨーロッパ諸国では経済成長の鈍化、失業者の増大という状況が見られ、経済の先行きについての悲観的な見方が広がった。

で、イギリスでは貧富の格差は現実に拡大していきました。

こうした問題は、世界のほかの国でも、時期の違いはあれ、出てきています。福祉国家的な価値観、人権・平等などを重視する価値観に、市場競争での強者を尊重して弱者を切り捨てる新自由主義的な価値観が取って代わろうとするプロセスが、戦後の後半、一九八〇年代以降は続いてきたという印象を持っています。日本の場合だと、中曽根政権下でそれが本格的に始まり、小泉政権で非常に露骨に現れてきた、ということになるのではないでしょうか。

小谷　安倍政権はもちろんその延長線上にあるのですね。

木畑　ええ。戦後的価値としての基本的人権に関して、最近非常に大きな問題になっている移民、難民についても少しお話しします。

ヨーロッパは、戦前までは外国へ人を送り出す地域でした。とりわけヨーロッパからアメリカ大陸には大勢の人々が渡っていきました。ところが、戦後になると、人の流れは逆転して、ヨーロッパは人が流入する地域となったわけです。そのため、多民族・多人種の共存が大きな課題となり、それがかなりの程度まで実践されてきました。しかし、最近は移民や難民に対する排外主義や差別意識がヨーロッパの各地で広がってきています。これまでは移民や難民に対して非常に寛容であると見られていた北欧諸国などでも、そうした動きが拡大してきていることは、極めて大きな問題です。

小谷 アメリカでは、一九七〇年代まではそうでもなかったように思うのですが、その後、新自由主義的な動きが非常に急速に強まるのはどうしてですかね。一種の危機感ですかね。アメリカの新自由主義的な政権はレーガンですか?

三宅 政権としてはレーガンからでしょう。ブッシュと続いて。

小谷 アメリカには、もともと公的社会保障がないので、イギリスとはずいぶん現れ方が違うのでしょうけど。

社会主義圏に組み込まれた東欧の場合は、状況がかなり異なると思いますので、その点について、南塚さんにお願いします。

南塚 ここでもハンガリーについて言わせてもらうと、否定された「戦後的価値」は「社会主義」であり、それにまつわる諸価値です。例えば、一方では「平等」とか、「協同」とか、「連帯」といった価値、他方では「脱教会」や「脱ナショナリズム」といった価値を挙げればいいでしょう。前者は、一九八〇年代の新自由主義の進展の下で否定されてきたもので、「市民社会」論はこれらを乗り越える価値をもたらすと宣伝されたのでした。後者は、新自由主義を批判しようとしたものかどうかは不明ですが、現実には、その下で開花したものでした。一方で、共産党の一党支配という「戦後体制」がもたらした負の価値もあるでしょう。例えば、「水はおいしいところから飲め」といった具合に、ものを頼むときは権力の上のほうに頼めという習慣が広がったりしましたから。

そういう否定された「戦後的価値」に代わって何が出てきたのかというと、オルバーンのいう「リベラル国家」という怪しげなものです。その中心はハンガリー人至上主義のようなもので、そこから新しい差別も出てきています。一九八〇年代末から強くなった反ユダヤ主義に加えて、反ロマ、反アジア人主義が登場し、最近は中東からの移民・難民への差別が強まっています。難民に対しては、国境に「壁」を作ってこれを防止しようといったばかげた政策が打ち出されているのです。

小谷　一九八〇年代における新自由主義の世界的な広がりの中で、新たな差別が生まれたり、旧来の差別が復活したりという状況が起こっているわけですよね。

木畑　ロマに関しても、確かに差別がさらに強まってきています。ロマはユダヤ人同様、第二次世界大戦中にナチスによる虐殺の対象となり、多めの推計では五〇万人ものロマが殺されました。このことはしばしば忘れられがちですが、ロマ差別について考える上で重要です。ユダヤ人のホロコーストについては、彼ら自身の戦後の活動を通して、さらにイスラエルという国ができたということから、皆が知っているわけですが、ロマは戦後も相変わらず差別され続け、彼らが戦中に虐殺されたことも意識されないままになっているのではないかと思います。

南塚 私も関心があって、ちょっと調べたことがあるんですよ。ハンガリーで一九八九年に社会主義体制が崩壊したのち、九〇年初頭にロマのいろんな文化連盟、団体が一気に増えた、三つも、四つも。[*1] そのうちの自由主義経済にマッチするような集団は伸びていくけれど、そうでないところは埋没していくという現象があって、ロマの中で大変問題になっている。それを彼らは差別として受け取っている。

それから、社会主義ハンガリー時代には、ルーマニアとハンガリーの間の国境をロマは自由に行き来できた。ところが、国籍を持つことを強制され、一九九〇年以降はそれができなくなる。これはロマからすれば大変な問題なわけですね、彼らの稼ぐ機会が減るわけだから。そういうふうにみずからの状況が悪くなっていることを彼らは差別と受け取っている。

＊1 ハンガリーでは既存の体制寄りの「ハンガリー・ロマ評議会」に対する不満から、一九八九年の体制転換の前後に、ロマの知識人を中心とする「兄弟」という組織、「ハンガリー・ロマ民主同盟」「ハンガリー・ロマ党」「ハンガリー・ロマ社会民主党」などができたが、いずれもその後勢力を失った。

小谷　最近になると、それに加えて新たにシリアなどからの難民の問題が深刻になってきましたが、その他の地域でも同じような問題が起きていますね。ロヒンギャ[*2]の問題にはびっくりしました。国民国家的な枠組みがきつくなるほど、ああいった問題が起こってくるのでしょうが、新自由主義といっても国境がむしろ強まっているんでしょうね。資本や情報はインターナショナルだけど、人間の生活はインターナショナルになり得ない部分がどうしてもあるのでしょう。

南塚　ちょっと別の観点で思いついたんだけれども。先ほど小谷さんが挙げた「戦後的なもの」のうち、（3）「教育の国家統制に対する制約」について（一四二頁）、私は、東欧でいえば戦後体制の下では、むしろ教育に国定教科書が重要な役割を果していると思います。最近アジアの国々と教科書の比較検討をやっているけれど、戦後のアジアでは、政府が教科書や教育の内容・方針を決める体制があったわけです。だから、歴史教育の国家統制に対する制約というのは、少し日本に引きつけすぎているのではないかと思うのです。

小谷　そういう感じもするのですが。ただ、インドを見ていても、政権党が歴史教科書に直接強力に介入するのは一九八〇年代以降だと思います。

＊2　ミャンマー西部、主としてベンガル湾沿いの地域に居住するイスラム教徒で、ミャンマー政府はバングラデシュ国民と見なしている。仏教徒を中心とするミャンマー人から迫害され、多くのロヒンギャが難民としてミャンマー国外に流亡している。

それまではもっとゆるやかだった。歴史教科書編纂委員会という組織があって、そこで歴史教科書を作るのですが、そこに権力が直接に介入することはあまりなかったんです。一九八〇年代くらいから強烈に介入するようになって、今は政権が変わるたびに人が入れ替わってすっかり傾向が変わる。だから、戦後すぐの段階では、歴史教育に対して国家統制をしてはいけないというような考え方がインドにもあったような気がするんですがね。

木畑 戦後すぐといえば、国連の専門機関として作られたユネスコが思い浮かびます。よく知られていますが、ユネスコの憲章は、「戦争は人の心の中で生れるものであるから、人の心の中に平和のとりでを築かなければならない」とうたっています。その実現のためには、開かれた心で歴史に対していかなければならないということで、歴史教育の国際交流などにも力を入れたわけです。歴史教育を国家が統制していくことは、それにまったく逆行するものでした。こうした点も、戦後の問題を考えていく上で注意していくべきだろうと思います。

3　安倍政権における「戦後的なもの」への反発の特質

小谷　ここまで、「戦後的なもの」に対する反発のあり方を世界史的視野において議論してきたわけですが、締めくくりとして、安倍政権における「戦後的なもの」への反発がどのような特質を持っているかという点について議論したいと思います。

安倍政権は「戦後レジームからの脱却」をいいながら、「戦後レジーム」の根幹をなす日米安保体制に反発するということはしていません。それどころか、逆に日米安保条約を「不磨の大典」として護持し、アメリカの軍事行動に追随し、アメリカが許容する限界内で、軍事大国化することを目指しているように見えます。

したがって、安倍政権には戦後世界体制に真っ向から反発するような強い意思はないと言っていいと思います。ただし、安倍首相は、一方では、ポツダム宣言・東京裁判について、「日本はそれを受け入れた」という認識を示しながら[*1]、他方では、東京裁判は「勝者の判断で断罪された」とい

＊1　二〇一五年六月一日、衆議院特別委員会。

う見方を示しています。[*1] アメリカは、安倍首相のこのようなヌエ的な言動や次に見るような「復古主義」的性格から、安倍政権が戦後世界体制そのものを破壊しようとしているのではないかという、誤解に基づく疑惑を抱いていているようです。この点について、いろいろな角度から議論したいと思います。

安倍政権の「戦後レジームからの脱却」とは、具体的には、戦後的価値を次々と骨抜きにすることにほかならないと思います。それは以下のような動きに如実に現れています。

(1) 思想・教育への国家介入(靖国参拝、君が代・日の丸の強制、道徳教育の復活、歴史教科書検定の国家主義的強化、等々)
(2) 社会保障制度の改悪(社会保障費国庫負担の削減、生活保護制度の改悪、等々)
(3) 労働基本権の骨抜き(労働者派遣法の改悪、等々)

これらの点で、安倍政権は、一九五五年の保守合同以来の自民党政権による戦後的価値に対する反発・骨抜きを総仕上げしようとする政権という

---

*1 二〇一三年三月一二日、衆議院衆院予算委員会。

ことができるでしょう。ただ、問題になるのは、安倍政権とそれまでの自民党諸政権とではどこに質的違いがあるかということです。それから、安倍政権における戦後的価値の骨抜き政策と、世界的潮流としての新自由主義とはどのように関係しているのかということも、大きな論点になると思います。三宅さん、これらの点についてどうお考えですか？

三宅　安倍政権は「戦後的なもの」のすべてを否定しているわけではなく、いくつかを自分たちに都合のいいようにつまみ食いしているのだと思います。つまみ食いして特定の方向に誘導しようとしている。特定の方向というのは、国際的には、ともかくアメリカに追随して、軍事的、経済的、そして政治的に大国の一つとしての地位を占めることです。その際アメリカとの利害の対立や衝突には極端に臆病です。

国内的には、今の自民党の中枢を再生産し、支配的な位置を占め続けることです。極端な対米従属と、自分たちが権力を握り続けたいということ、この二点につきる。安倍首相ならびに周辺の人々の「国家像」や「理念」が空疎なのはそのためです。

今の閣僚の半数は世襲議員です。彼ら・彼女らの先代や先々代は帝国時代の日本のエスタブリッシュメントだった。閣僚にとどまらず安倍政権を支える国会議員の多くは、こうした世襲議員たち、ならびにそれに忠誠を誓うことで仲間入りを果たそうとしている人々と言っていい。自分たちが指導層／支配層として振る舞うためには、過去からの連続性や「伝統」に頼るしかない。世襲議員たちは、自分個人の力で、何かをやってきた経験がないのですから。だから先代や先々代の行いを賛美する。

しかし帝国日本の全面肯定が国際的には通用しない、特にアメリカやヨーロッパに対しては通用しないということは、この人たちもわかっている。そこから、国内向けには大日本帝国時代の賛美、対外的にはアメリカへの徹底した追従、それも必要以上の追従になるのだと思います。「戦後的なもの」への反発は、上のような文脈で理解できるように思います。体系的な理念やイデオロギーに基づいて首尾一貫しているわけではないのです。

なお、二〇一五年七月二五日現在の閣僚一九人のうち一五人がメンバーだとして注目を集めた右翼団体の日本会議についてですが、会員数は三・八万人で、このうち国会議員が二八〇人（衆参両院議員総数七二二人のおよそ四割）、地方議員が一七〇〇人と、えらく議員が多い。

かつての自民党には、議員の出自や政見、派閥にもっと多様性があり、内部の対立がうまく作動していたという評価があります。これはおそらく事実なのでしょうが、一九九〇年代末以降、日本社会のありようが大きく変わってきているので、そのことをふまえて議論すべきだと思います。例えば、個々の議員は個人後援会などで日常的に選挙民に接するので、あまり無理をしないバランス感覚を持っていたとされます。しかし、そうした後援会の有力メンバーだった地元の自営業者ら（自営商店、土木建築を含めた小工業者、農民など）は、グローバル化の中で本当に影が薄くなってしまった。だから選挙のときには、一時的な宣伝が重要性を増すことになる。また、組織の固い公明党の票が重要になってくる。

小谷　日本会議の問題なども、その辺と関係しているということですね。

三宅　そうです。もう一点、教育への政治の介入について私見を述べます。中央政府レベルと地域レベルの二つについてです。

中央政府レベルでは、教育基本法の改正（二〇〇六年）や学校教育法の改正（二〇一五年）などが大きな問題です。その下で予算・人員の削減と膨大な書類の提出のため、すべての学校の教員が極端に繁忙な状況に置かれている。事態は深刻です。子どもも教員も、時間をかけてじっくり考えることができなくなっている。これは愚民化政策です。こういう政策をとっている側もそのことの意味を理解していないのではないか。また、教科書に政府見解の記載を強要するなどというのは、基本的にすべての教科書がそれに従ってしまったのだけれど、やはり問題です。実際には教科書の少ないスペースにそのときの政府見解だけが載ることになる。

もう一つ、首長や地方議会議員が、教科書の採択や修学旅行先の選択にまで介入して、現場が著しく混乱しています。首長や議員が介入したがるのは、何が重要なのか判断力を持たない人が首長や議員になっているからです。子どもの貧困が大問題になっているときなのに。なお、政府見解の強要にしても、議員の政治的介入にしても、政権交代の場合や、逆のベクトルに作用したらどうするのかということを考えると、自分で自分の首を締めてしまうことになる。一九二〇年代の政党政治の崩壊[*1]を思い出してしまいますね。

小谷 安倍政権の対外政策について、どなたかいかがですか。

百瀬 私は、敗戦のとき一二歳、中学二年生でしたが、今考えると、あれは大変に奇妙な体験でした。米軍機が東京を空襲しにやってくると、爆弾や焼夷弾と一緒に宣伝ビラを撒いていくのですね。ビラの一面には東条英機など、のちに東京裁判にかけられた戦争指導者の写真が出ていて、軍国主義者として糾弾されているのですが、裏には尾崎行雄などの写真が出て

＊1　一九二〇年代末から三〇年代初頭にかけて、二大政党の政友会と民政党は、すべきではない主張でお互いを攻撃し、みずから政党政治の墓穴を掘った。例えば政友会田中義一内閣のパリ不戦条約締結に際して、民政党は「人民ノ名ニ於テ」の文言が天皇大権にふれるとしてこれを非難し、政権交代ののち、民政党浜口雄幸内閣のロンドン海軍軍縮条約締結に、今

いて、こういう伝統があるのだから早く平和愛好国民の仲間入りをしたまえ、と結んでいるのです。この裏の情報はまったく私たちの知らなかったことばかりで、「これはいったい、何を意味しているのだろう」と思ってしまうわけなのです。これだけだと、「米軍の宣伝にひっかかる奴があるか」ということになるかもしれませんが、そのようなビラをひろうような条件が国民の中に備わっていたことは見逃されてはならないと思います。

原民喜の戦後の短編小説で「壊滅の序曲」[*2]という作品がありますが、空襲警報のサイレンが鳴ると、一斉に街の住民が警官や警防団員の制止を振り切って、荷車まで動員して逃げ出していく情景を描いています。原は広島のことを書いているつもりなのでしょうけれども、それは日本のどこの街でも起こっていたことです。知日派と称されるアメリカの知識人は、日本人が「敗北を抱きしめて」いたなどと言っていますが、もう一回り視野を広げると、アメリカがそういう日本人を抱きしめてきたわけですよ。そして、先の宣伝ビラの表側に描かれていて、戦後、戦犯の被告席に立たされた人物の係累ともなると、それが悔しくてしょうがないのではないか。危うくA級戦犯にされかかった岸信介の孫である安倍首相の外交上のジレンマも、その辺にあると考えると大分理解できるような実感が、私には、

度は政友会がこれを統帥権干犯だとして攻撃した。両党とも政党が占めるべき位置を狭めて、身動きがとりにくい状態を作り出すこととなった。軍部や右翼の影響力が広がる一方で、政権争いにふける政党は信頼を失っていった。

＊2　原民喜『夏の花・心願の国』（新潮文庫、一九七三年）所収。

どうしてもあります。要するに、アメリカの日本抱き込みを剥がそうとして動いてみたところが、その過程で、アメリカに一層抱き込まれてしまうという非常に奇妙なことになっている事実に、着目する必要があると私は思います。

南塚 今年四月二九日に安倍首相が米国議会で演説をしました[*1]が、あれは米軍と自衛隊とを自由に協力させることによって日米同盟を強固にしますという宣言でした。日米関係という「戦後体制」は維持しこれを強化するが、国内的には、自衛隊に関する憲法的制約を解いて、日本の「戦後体制」からの脱皮を宣言したわけです。これは国内外の「使いわけ」では済まされない問題です。それは、その論理からして、日本だけでなく、アジアや世界の「戦後レジーム」を敵にせざるを得ないはずです。例えば、憲法で武力行使が認められていない日本の戦後のあり方を高く評価してきた戦後のアジア諸国を敵に回すことにならないか。安倍首相はそこまでいくつもりなのか、懸念されます。対米関係の「戦後体制」は見直ししない。しかし、対アジア関係を見直すということにならないか。明治時代と同じで、アジアとの連帯を捨てて強国と歩みを同じくする。そのためにはアジアを踏み台にする。一九〇二年の日英同盟はまさにそういうものでした。

＊1　二〇一五年四月二九日、安倍首相は米国連邦議会上下両院合同会議で演説をし、「日米同盟」を一層強化することをうたった。

こういう歴史を繰り返さないのが歴史に学ぶということだと思うのですが、実は、アジアを踏み台にしている最大の実例が今回の「沖縄処分」ではないかと思われます。

百瀬　ほう、それはどういうことですか。

南塚　かつて一八七二年から七九年に明治政府が行った「琉球処分」[*2]では、自立的な琉球王国を強制的に琉球藩にし、さらに沖縄県にして、日本の一部に編入したわけですが、その事態に似ていると思うのです。私は沖縄問題はヨーロッパ史の観点からすれば、一つの民族問題だと考えていますが、「琉球処分」というのはいわば「民族自決」を無視した「処分」なのです。今日の沖縄問題は、沖縄自体の意向（「民族自決」）が明示されているのに、それを無視して、基地問題に象徴される諸矛盾を沖縄に押し付けていくというもので、「沖縄処分」というべき事態だと考えられます。実は二〇一三年に当時の石破茂自民党幹事長が、自分のことを現地の新聞が「琉球処分の執行官」と呼んでいると述べており、それを受けて元外交官で文筆家の佐藤優氏が「21世紀の『琉球処分』」というタイトルでブログに書いているのです。[*3]

百瀬　近代日本における沖縄、台湾、韓国・朝鮮、中国などとの関係は、

＊2　明治政府が琉球を強制的に日本に統合した政策を指す。一八七二年に琉球藩を設置したのち、清国や琉球の反対を抑えるため一八七九年に武力をもって沖縄藩を置いたが、日清間の外交問題となり、結局日清戦争後に決着した。

＊3　二〇一三年一二月七日投稿、二〇一四年二月五日更新「ハフィントン・ポスト」上の同氏ブログ。

改めて総ざらいして考え直すべきなのでしょうね。

南塚 あと一つ、戦後体制への反発という点で、気にしておかねばならないことがあります。第一回目の座談会でもちょっと述べたのですが、戦後的なものを否定してどこへ行くのだろうという問題です。前回は、ひょっとして戦前の高山岩男らの『世界史の哲学』に出てくるような欧米批判と日本の意義の強調へ向かうのだろうかという疑問を出しておきました。その後、安倍政権の思想に何らかの形で関係しているのではないかと思われる京都大学名誉教授佐伯啓思氏の『従属国家論――日米戦後史の欺瞞』[*1]を読んだら、見事に高山の本やそのまわりの京都学派が評価されているのです。このあたりの思想の動きも気になりますね。

小谷 なるほど。そこまで行きますかね。

＊1 PHP新書、二〇一五年。

II 集団的自衛権について

1　集団的自衛権と国際連合

木畑　安倍政権による安保関連法案をめぐる動きの中で中心的位置を占めてきた集団的自衛権という問題について、改めて討論の背景となる素材を提供したいと思います。集団的自衛権という概念がどのようにして登場してきたか、そして、それはそもそも何を意味したかを確認する作業です。それを前提として、この問題について討論を行っていきたいと思います。

まず、集団的自衛権という言葉についてです。

今でこそ、この言葉は日常的に飛び交っていますが、私の記憶では、これは決してわれわれが慣れ親しんだ言葉ではありません。憲法第九条の解釈をめぐり、また自衛隊の正統性をめぐって交わされてきた議論においては、自衛権の解釈が常に問題となってきましたが、その場合の中心は個別的自衛権であって、集団的自衛権の問題に焦点が当てられることはあまりありませんでした。試みに、『朝日新聞』の記事データベースである「聞蔵IIビジュアル」でこの言葉を含む記事を検索してみたところ、一九五二年から六九年までで一件、一九七〇年代で〇件、一九八〇年代で一二件、一九九〇年代で六六件、二〇〇〇年代で一六九件であったのに対し、二〇一〇年以降は一五五〇件となっています。そのほとんどは二〇一二年末の第二次安倍政権成立以降であり、さらに二〇一四年以降に集中しています。ちなみに「自衛権」という言葉は一九五二年から六九年までで三五件ヒットします。

砂川判決に集団的自衛権の容認を見て取ろうという高村見解[*1]は論外ですが、言葉の使用頻度に示されるように、集団的自衛権について、議論も検討も十分行われてこなかったため、安倍政権によるはなはだ問題の多い議論がまかり通っているというのが、現状ではないかと思います。

南塚　まったく同感です。

木畑　この集団的自衛権という概念が国際政治の中にはっきりと登場してきたのは、国連憲章第五一条においてです。それは以下のような条項です。

＊1　砂川判決とは、東京都北多摩郡砂川町（現在は立川市）にあった米軍航空基地の拡張に反対した人々が、基地に侵入したとして起訴された事件に関して、一九五九年一二月に最高裁が下した判決のことをいう。この判決で最高裁は、被告を無罪としていた東京地裁の原判決を破棄し、地裁に審理

第五一条：この憲章のいかなる規定も、国際連合加盟国に対して武力攻撃が発生した場合には、安全保障理事会が国際の平和及び安全の維持に必要な措置をとるまでの間、個別的又は集団的自衛の固有の権利を害するものではない。この自衛権の行使に当って加盟国がとった措置は、直ちに安全保障理事会に報告しなければならない。また、この措置は、安全保障理事会が国際の平和及び安全の維持又は回復のために必要と認める行動をいつでもとるこの憲章に基く機能及び責任に対しては、いかなる影響も及ぼすものではない。

つまり、国連安全保障理事会による措置がとられるまでの間、それぞれの国に個別的・集団的自衛の権利が認められるというものですが、この集団的自衛という概念は、国連憲章の原案にはなく、ラテンアメリカ諸国の希望によって加えられたものでした。国連憲章を討議するサンフランシスコ会議が始まる直前の一九四五年三月、ラテンアメリカ諸国は、共同防衛を目的として、集団的自衛という考えを盛り込んだチャプルテペック協定＊2を結んでいました。それら諸国は、この仕組みが国連によって妨げられてしまうことを危惧して、国連憲章にそれを盛り込むことを求め、ラテンア

を差し戻した。その際に最高裁が国家の固有の権利として容認した自衛権は個別的自衛権としか解釈できないものであるにもかかわらず、自民党の高村正彦副総裁は集団的自衛権も含まれていたと強弁した。

＊2　米州のある一国に対する攻撃を、すべての署名国に対する侵略的行為とみなして、経済制裁や武力の行使によってその侵略を撃退するなどの措置をとることが取り決められた。

メリカ諸国の支持をとりつけておくことを重視した合衆国がその後押しをしたのです。

サンフランシスコ会議で、コロンビアの代表は、次のように述べています。「アメリカ地域の国々にとっては、アメリカの一国に対する攻撃はほかのすべてのアメリカ諸国に対する攻撃に当たるものとなり、ほかのすべてのアメリカ諸国は、かかる攻撃に反撃するべく、攻撃を受けた国に援助を与えることによって、正当な防衛権を行使する。このことこそ、集団的自衛権の意味するところである」[*1]。

また合衆国の役割について、国際法学者の祖川武夫氏などは、ラテンアメリカ諸国が重視していたのは、紛争の平和的解決における地域的取り決めの優先的な役割の承認であったのに対し、安全保障理事会の拒否権に妨げられずに武力を行使できるような仕組みにするため、合衆国がそれら諸国の要求を利用したのだ、と解釈しています[*2]。

小谷　国際連合憲章における集団的自衛権に関連することですが、一九五五年のバンドン会議で採択された、いわゆる平和十原則には、集団的自衛権にかかわる次の二条項が含まれています。

＊1　Joseph L. Kunz, "Individual and Collective Self-Defense in Article 51 of the Charter of the United Nations," *The American Journal of International Law*, 41 (4), 1947. 訳は引用者。

＊2　祖川武夫「集団的自衛――いわゆるUS Formulaの論理的構造と現実的機能」小田滋・石本泰雄編『祖川武夫論文集　国際法と戦争違法化――その論理構造と歴史性』信山社、二〇〇四年。

五　各国が、国連憲章にのっとり単独で、あるいは集団的に、自国を防衛する権利を尊重する。

六（a）　集団的防衛に関する取り決めを大国の特定の利益のために利用しない。

第六条における「集団的防衛に関する取り決め」というのは、木畑さんのお話にあったラテンアメリカ諸国のチャプルテペック協定のような、地域的な集団的防衛協定を指していると思われます。したがって、第五条と第六条とを併せて考えるならば、平和十原則にいう集団的自衛権は、あくまでも、アジアやアフリカの諸国、特に新たに独立した国々が再び大国の植民地主義的支配を受けるのを集団的に阻止することを目的としていると言っていいと思います。その点で、安倍政権のいう「集団的自衛権」とは正反対の考え方というべきでしょう。安倍政権がいう「集団的自衛権」とはまさに「大国の特定の利益」に奉仕するためのものだからです。

安倍首相は、今年四月二二日にインドネシアで開催されたバンドン会議六〇周年記念首脳会議に出席して、例によって格好つけだけの無内容な演説をしていますが、そこでは、平和十原則の集団的自衛権に関する条項にはふれていません。[*1] 多分知らなかったのでしょうが、もし知っていたら、厚顔無恥な彼のことですから、平和十原則の趣旨を無視した、手前勝手な屁理屈で安倍政権的な「集団自衛権」を正当化するために利用していたのではないかと思います。そうならなかったのは、まあ結構なことでした。

木畑　そうですね。安倍首相は知らなかったのでしょうね。

さて、こうして国連憲章に入ることになった集団的自衛権という概念ですが、基本的には、「自国と協力関係にある国のために戦う権利」を意味します。国連創設後さほどたたない時期に、同憲章第五一条の自衛権について論じた国際法学者ジョゼフ・クンツは、その点を端的に「『集団的自衛』という言葉は幸せなものではない。それは自衛ではなく、ほかの国を守ることなのだ。それは、国内法でいえば、自己防衛ではなく他人の防衛にあたる」と論じています。[*2] クンツも指摘するように、「集団的自衛」という言葉自体は新しいものでしたが、それが示している、外国のために軍事的支援をするという考えは、それまでも同盟関係を結んだ国々の間の関係の核となっていました。そもそもそれを「自衛」と呼ぶこと自体がおかしいといえるでしょう。個別的自衛は、確かに自国が攻撃を受けることに対する対応ですので「自」衛ですが、集団的自衛は、集団の中の「他」衛

＊1　「首相演説『大戦反省』『おわび』触れず　バンドン会議」二〇一五年四月二三日付『朝日新聞』。

＊2　前掲 Joseph L. Kunz 参照。訳は引用者。

であり、「ほかの国のために戦う」権利ということになるのです。

2　実行された集団的自衛権

木畑　実際に、集団的自衛が唱えられ、武力が行使された場合を見てみれば、その意味がよくわかると思います。

集団的自衛が、単独である行動の理由とされることはほとんどなかったわけですが、それが武力行使を正当化する理由の一つとして持ち出されたことは、国連憲章にその概念が持ち込まれてから何度もあったのです。わかりやすい例を挙げれば、合衆国が南ベトナムとともに北ベトナムを攻撃するに際しても、この概念は援用されました。北ベトナムによる南ベトナムへの攻撃的活動に対して、合衆国は南ベトナムとの間で集団的自衛権を行使する、という論法です。合衆国国務省の法律顧問レナード・ミーカーが上院外交委員会に提出した一九六六年三月四日付の覚書の冒頭の一節の見出しは、「アメリカ合衆国と南ベトナムは、武力攻撃に対して南ベトナムの集団的自衛に参加する国際法上の権利を有する」となっているのです。[*3]集団的自衛権の議論は、「アメリカ合衆国が南ベトナムのために戦う」根

＊3　Leonard C. Meeker, “The Legality of United States Participation in the Defense of Viet-Nam,” (http://www.calhum.org/files/uploads/program_related/TD_US_Participation_in_VN.pdf). 訳は引用者。

拠となったのです。

藤田　中東でもそうだったのでしょうね。

木畑　それから、集団的自衛を目的として作られたのが、NATOであったことも忘れてはなりません。NATOを作ったサンフランシスコ条約の第五条は以下の通りです。

締約国は、ヨーロッパ又は北アメリカにおける一又は二以上の締約国に対する武力攻撃を全締約国に対する攻撃とみなすことに同意する。したがつて、締約国は、そのような武力攻撃が行われたときは、各締約国が、国際連合憲章第五十一条の規定によつて認められている個別的又は集団的自衛権を行使して、北大西洋地域の安全を回復し及び維持するためにその必要と認める行動（兵力の使用を含む。）を個別的に及び他の締約国と共同して直ちに執ることにより、その攻撃を受けた締約国を援助することに同意する。

そして、NATOの加盟国がはじめてこの条項を発動し、集団的自衛権を根拠として武力の行使に及んだのは、二〇〇一年のアメリカ同時多発テロ事件（9・11）後のアフガニスタン攻撃でした。集団的自衛権は、「NATO諸国がアメリカ合衆国のために戦う」根拠となったのです。

基本的に「ほかの国のために戦う」権利である集団的自衛権を、日本が行使できるようにすることは、「世界史に逆行する『集団的自衛権論』の陥穽」[*1]で油井大三郎さんが書かれているように「世界史に逆行する」ことにほかならないわけです。

藤田　NATOの話が出たので、中東の軍事同盟に少しふれさせてください。アラブの集団的自衛は、バンドン会議のときはまだ問題になっていなかったと思います。中東で集団的自衛権の問題が出てきたのは、一九五五年二月に中東条約機構（METO）が発足したときではないかと思います。METOは、イラク、トルコ、イラン、パキスタン、イギリスの五カ国で構成されました。その条約では「集団的自衛権」という言葉自体は用いられていませんが、先ほど紹介された国連憲章第五一条に従って安全保障、防衛協力を行うと規定されていました。これと並行して、アメリカが持ち出した集団的自衛の枠組みが、一九五七年のアイゼンハワー・ドクトリン[*2]です。ここには、集団的自衛権も国連憲章も出てきませんが、アメリカがソ連に対して中東諸国を軍事的に守る姿勢が示されます。さらに五八年

＊1　『歴史学研究』第九三四号、二〇一五年八月号。

＊2　一九五七年一月にアメリカ大統領アイゼンハワーが発表した教書で、共産主義からの圧力を受けている中東の国々へのアメリカの軍事援助を宣言した。

の共和制革命でMETOからイラクが抜けて中央条約機構（CENTO）になります。こうした一連の枠組みや宣言は、ソ連を仮想敵国としつつ、エジプト革命[*1]が引き金となって一気にアラブ世界に拡散したアラブ・ナショナリズムの革命的な動きに対抗する意味を持っていました。しかし、中東を集団的自衛の枠組みに組み込もうとする欧米の狙いは、アラブ側が軍事同盟参加拒否を貫くことでいずれも失敗しました。

ところが、一九七八年九月のキャンプ・デービッド合意[*2]以降、エジプトとイスラエルを介して、アメリカ主導の中東の集団的自衛権が確立してきます。八〇年にはイラン革命[*3]以降のペルシャ湾岸のアメリカの石油権益を守ることを述べたカーター・ドクトリン[*4]が示されます。こうして、アラブの、特に産油国の側が、アメリカやエジプトと軍事同盟を結んだ集団的自衛の組織ができてきます。その後、イラン・イラク戦争（一九八〇－八八年）、九一年の湾岸戦争、二〇〇三年のイラク戦争、その間のイラクに対する経済封鎖（一九九一－二〇〇三年）等々があり、シリアを除くアラブの軍隊が全部アメリカの傘下に入り、シリア国軍は二〇一一年のアラブの春以降事実上解体状態に陥りました。

こうして、完全にアメリカとイスラエルが主導する集団的自衛にアラブ

＊1　一九五二年七月にエジプトのナセルら軍人が起こしたクーデターによって王政が倒された出来事。集権的な政治体制が打ち立てられ、土地改革などが実施された。

＊2　一九七八年にアメリカのカーター大統領が仲介役となって、エジプトのサーダート大統領とイスラエルのベギン首相が、アメリカ大統領山荘キャンプ・デービッドで会談し、両国間の平和条約に合意したことを指す。エジプトが、単独でイスラエルと講和して、第三次中東戦争（一九六七年）によって失ったシナイ半島をイスラエルから取り戻し、同戦争後の戦争状態を解消した。

＊3　一九七九年二月、大規模な民衆蜂起が起こり、王政に代わってイスラム共和国が成立した。ル

諸国は参加することになりました。イスラエルのアラブ領土占領を許したまま、占領に反対し民主化を求めるアラブの民衆をアメリカとイスラエル、エジプト、アラブ産油国が力で抑え込むという構図において、中東の緊張は高まり続けています。

こうした状況をふまえ、私は、日本が集団的自衛権を行使することによって、一九八〇年代以降の中東におけるアメリカとイスラエルが中心となった集団的自衛の網の一部に、日本も位置付けられていくのではないかと危惧しています。

三宅　今回の集団的自衛権導入の話は急に出てきたように思うのですが、アメリカ側から強い要請があったのでしょうか。

木畑　第一次安倍内閣のときからこの問題についての懇談会を作っており、そのときからやる気だったのは確かです。[＊5] 安倍氏が辞職したから立ち消えになっていたのが復活したわけです。

三宅　そのとき、アメリカの圧力はどうだったのですかね。

南塚　二〇〇三年のイラク戦争あたりから、そういう動きがあったと思いますが。

藤田　小泉政権が発足する二〇〇一年頃、アーミテージかナイか、そのあ

ーホッラー・ホメイニーを指導者とする革命政権は、イスラムを基礎とする政治・社会体制の樹立を掲げた。

＊4　アメリカのカーター大統領が一九八〇年一月に発表したドクトリンで、ペルシャ湾岸におけるアメリカの利益を守るために、必要とあらば軍事力も行使するとしたもの。ソ連のアフガン侵攻に対抗したもので、アメリカの利益とは石油のことである。

＊5　九一頁の注1を参照。

たりのアメリカ国防省筋が、英米と同じような同盟関係になれという提言を具体的に示しています。『朝日新聞』には、アメリカがかなり積極的な要請をしたという記事が、もうすでに一九八〇年に出ている。*1 日本は中東の石油の多くを輸入しているのだから、責務を果たすべきだという発言が、この頃からかなり出ているのですね。

三宅　この間、反対の論陣を張っている元防衛官僚の柳澤協二氏の議論を聴いていると、個別的自衛権で乗り切れるんだという。

藤田　私はアメリカないしは安倍政権が、戦線の前面に自衛隊を出すと言い出すのではないかと恐れている。

小谷　そういった場合に、第二次世界大戦前だったら集団的自衛権なんていわないで、日米軍事同盟強化のほうへ行くはずですが、今は、そうはいかない。もう、集団的自衛権という隠れ蓑をかぶってやらないといけない。そういう時代になっていると思います。

藤田　日本は、今年七月にアメリカ、オーストラリアと三国共同軍事演習をやりましたが、あれは完全に軍事演習で、そういう段階に来ていると私は強く感じます。ああいう格好でやっているんだから、すぐ実践へということがあり得るんじゃないのかな。

＊1　「真価問われる帰国後　米、政治力を注目」「質的転換への節目　日米関係　強まる『政治同盟』色」一九八〇年三月二三日付『朝日新聞』。

南塚　現在、「普通の国」への歩みが進んでいますが、これは世界史的にいえば、権力政治への逆行ということになります。周知のように、第一次世界大戦への反省から生まれた国際連盟などを念頭に置きつつ両大戦間期の国際政治を見て、Ｅ・Ｈ・カーは、力を追求し合う権力政治には大きな限界があるが、道義を掲げる理想主義的な外交にも限界があり、権力と道義の双方を考慮に入れた国際関係の考え方が必要だと説いています。[*2] これは、権力政治一辺倒の一九世紀に対して、第一次世界大戦後は道義の力が重視されていることを前提にして、なおリアルに国際政治に取り組もうという態度を示しています。国際連合はこれをいっそう説得的にしたように見えます。一九世紀以来の歴史を見れば、力の追求というのは常に仮想敵国と同等の力を求めるという、バランス・オブ・パワーによって動くことを意味しますが、力のバランスは客観的に計りようがないから、「幻想」でしかないわけで、そのため現実には常に軍拡競争になり、ついにはどこかで力の衝突を引き起こしてきました。二つの大戦が好例です。ですから、その反省をふまえ、連盟や国連が生まれたわけです。

　しかし、いまや、レーガンの時代以来、世界史的に、力の政治に逆戻りしてきています。力の政治が「有効」ではなかったということが忘却され

＊2　Ｅ・Ｈ・カー『危機の二十年　一九一九－一九三九年』一九三九年。

ているのです。この点で日本について懸念されるのは、本来の「外交」が行われなくなっているということです。外交は武力だけでなく、経済、政治、文化など、さまざまなレベルで展開されなければならないのですが、今の日本では、外交というとすぐに権力、つまり武力の関係と考えるようになっているのではないでしょうか。この点は安倍政権の特徴ということができます。集団的自衛権を振りかざすのもその現れですね。

III 選挙と民主主義

1 選挙と議会制民主主義

三宅 昨年（二〇一四年）一二月の衆議院議員総選挙における投票率や、自民党の得票率を考えてみると、政府が国民の広い支持の上に成立しているとはとてもいうことができないと思います。にもかかわらず、集団的自衛権をめぐる閣議決定や安保関連法案の衆議院採決に端的に示されるように、国民の世論はもちろん、選挙で成立した国会をも軽視する形で政府の暴走は続いています。

一方、選挙民の側はどうかというと、当初政府の暴走に押し流される形となって、異議申し立ての力は弱かったのですが、安保関連法案をめぐる安倍政権の暴走に対して、さまざまな形での批判や反対行動が力を持ち始めてきて、安倍政権もさすがにこれを無視するわけにはいかなくなってきているように思われます。国民の意思はどのように表明されるのか、選挙を基盤とする議会制民主主義とは何なのかなどが問われているわけですね。

ひるがえって世界の各地を見た場合には、公正な選挙の実現、議会制民主主義の確立を課題としている地域も多くあります。歴史的視座と世界的視野から、選挙と民主主義という問題を考える中で、日本における民主主義の現状とこれからの展望を論じていきたいと思います。

木畑　まずデータを確認しておきましょう。

二〇一四年一二月の第四七回衆議院議員総選挙での投票率は、小選挙区ではこれまでの最低であった二〇一二年第四六回衆議院議員総選挙の五九・三二％をさらに六・六六％下回る五二・六六％で、比例選区も前回を六・六六％下回る五二・六五％にとどまりました。自民党の得票率は四八・一〇％でしたが、議席は追加公認の一人を含めて二二三議席獲得したわけで、七五・九％に当たります。有権者全体からすると自民党の得票は二五・三％でした。安倍政権はたったそれだけの得票率で日本の形を変える政策に乗り出したわけです。沖縄では自民党が完敗しましたが、安倍政権は沖縄の民意に完全に逆行する政策を追求しています。選挙を基礎とする議会制民主主義というものへの疑問が出てきても当然でしょう。

民主主義を実現していくためには、どういう制度がよいかが議論されるべきでしょう。つまり、今のような選挙制度を維持しつつそれを改革するか、それとも別の方法、すなわち直接民主制をもっと広げていくか、といった問題です。

三宅　こうした動向は日本だけで見られるものなのですか？

木畑　いいえ、選挙をめぐるこうした動向は、外国でも同様に問題となっていることにも注意しておきたいと思います。議会制の本拠といわれるイギリスで二〇一五年五月に下院選挙がありましたが、投票率六六・一％で、保守党が三六・九％の得票率で五〇・九％の議席を確保しました。この選挙の台風の目といわれたスコットランド国民党は四・七％の得票率で、実に八・六％の議席を獲得しました。六議席から五六議席への大躍進です。事前の世論調査では、保守党と第二党である労働党との接戦が予想されていたのですが、それを完全に裏切る結果となりました。

三宅　そうですね。私も結果を知って驚きました。

木畑　議会制民主主義の根幹に選挙が位置していることは言うまでもありません。ここで注意すべき点は、選挙が効力を持つ前提となるのが、合理的な判断力を持って政治に参加しようとする市民の存在であることです。近代というものの基礎として想定されてきた自立的な個人が、民主主義を担保する選挙の前提となるわけです。歴史を振り返ってみれば、民主主義実現のための選挙の実施、選挙への参加権を求めて運動してきた多くの人々がいます。女性による選挙権要求運動や、さまざまなマイノリティによる同様の運動がいろいろな国であったことに気づかされます。また三宅さんがおっしゃったように、今日の世界にもなお、選挙の実施を渇望している人々が極めて多いことを忘れてはなりません。[*1]

ただ、自立的な個人が選挙を支えるという構図はあくまで理想形であり、自分の意見を選挙に託さず、政治に無関心であったり、選挙の際に意見を操作されたりする人々が多いというのが、実際のところでしょう。「大衆は投票しなくてもよい」というエリート民主主義ともいうべき議論なども出てくる所以ですが、そのような議論は歴史に完全に逆行するものと言わざるを得ません。

三宅　木畑さんは、「選挙が効力を持つ前提となるのが、合理的な判断力を持って政治に参加しようとする市民の存在」であると言われましたが、まったく同感です。それに関連して、民主主義における政治教育の重要性

＊1　例えば、オーストラリアの先住民であるアボリジナルは、参政権を求める運動を展開したすえに、一九六二年になってようやく連邦政府の選挙の参政権を認められた。各国に居住している外国人もマイノリティといえるが、彼らに地方選挙レベルでの参政権を与える国も出てきている。日本でもそれを求める声があり、議論がなされてきてはいるものの、まだ実現していない。

について述べたいと思います。選挙権年齢の引き下げに関して、公立校の教員が政治教育を行った場合、厳罰に処すべきだという意見が自民党から出ています。私はこれに危惧を覚えます。教員であれ生徒であれ、真っ白な状態はないのであって、政治的な見解を持つのが普通です。重要なことは、教員の場合、みずからの政治的な見解や立場を自覚して抑制し、特に生徒や学生には慎重に接することでしょう。とりわけ意見が大きくわかれる場合には、それを成績等の評価の対象にはしないことも求められると思います。今までの日本の学校では、政治的な問題の討議を避けたり、あるいは形式的な両論併記にしたりすることが多かったのではないか。その結果、他人の政治的な主張に斜に構えて邪魔したり、いいがかりをつけるような雰囲気が醸成されてきたように思います。

Ｉでも取り上げられた二〇〇四年のファルージャの事件（一三八頁）との関連では、人質となった人の家族に対して日本国内でいやがらせが起きました。あれはみずからの力でさまざまな社会活動を行っている人々に対する「やっかみ」だった。実は、今回の安保関連法案に反対して活動している人たちに対しても、類似の対応をする学生がいます。自分の政治的な主張から相手の意見に反対するとか、異なる活動をするというのであればわかるのですが、そうではない、やっかみやいいがかりのようなものなのですね。これは無意味に思われますが、これも日本における政治教育の産物なのではないかと思うのです。

2　操作される選挙

伊集院　私は、安倍政権の選挙戦術に注目していて、こんなふうに見ているのです。二〇一四年一二月一五日付『産経新聞』に以下のような記事が掲載されました[*1]。

「枝野の地元を日の丸で埋め尽くせ！」：「ありったけ日の丸の小旗を用意しろ。過激派の支援を受ける枝野幸男[*2]（民主党幹事長）の地元に日の丸をはためかせるんだ……」（傍点は引用者）。

8日深夜、首相（自民党総裁）、安倍晋三のこんな指示が、東京・永田町の自民党本部4階の幹事長室に降りた。翌9日夕、埼玉5区のＪＲ大宮駅前は、日の丸の小旗を手にした聴衆約4500人（自民党発表）で埋め尽くされていた。選挙カーの上で安倍は満足そうな笑みを浮かべた。

＊1　「衆院選　首相が本気の民主潰し、『大物』狙い撃ちを徹底」。

＊2　枝野氏が旧国鉄北海道労組の支援を受けていたことを指すといわれている。

「この選挙は日本が前進するか、後退するかを決める選挙です。でも民主党はあの混迷の時代に戻そうと言っている。その代表格が枝野さんだ。確かに弁舌さわやか。菅直人首相の下で官房長官を務めた華麗な経歴。でも果たして結果は出たでしょうか。残ったのは混乱だけだった」

安倍がこう訴えると日の丸の小旗が一斉にはためいた。街頭で小旗の回収係を務めていた若手党職員はこう思った。「首相は本気で民主党を潰すつもりだ…」

もう一つ、投票前日の一二月一三日夜に秋葉原駅前で行われた自民党の演説会について、二〇一四年一二月一六日付『朝日新聞』に掲載された政治学者岡田憲治氏の「言葉なき選挙、広がった無関心　政治学者と衆院選の現場歩く」を見てみます。そこにも「演説には数千人の群集が耳を傾けた」とあって、自民党の女性参議院議員が「外交で国益を損なわせたあの党を、いまだにのさばらせていいのか」と叫ぶと、「日の丸の小旗が盛んに揺れた」というのです。

私は安倍氏の、大宮駅前と秋葉原駅前における数千人規模の大衆動員の手法に興味をひかれたわけです。安倍氏や自民党は、具体的にどのようにして数千人規模の群集を決められた時間に集めることができたのか、またその群集に「ありったけの日の丸の小旗を」どのように配ったのか、そうしたことは『産経新聞』には書かれていない。同紙には「街頭で小旗の回収係を務めていた若手党職員」とあるにすぎないのです。

この点に関して、私が研究対象として関心を持っているヒトラーのやりかたを思い出します。さきほど紹介したヒトラーの全記録を集めたイエッケルの史料集（一三〇頁）を読むと、Iでも述べたように、ヒトラーが重視したのはよく準備された大衆集会で、彼は大衆集会が運動に決定的な宣伝力を持つことに着目していたというのです。そして彼はその段取りの細部に至るまで、注意深く準備するよう地域組織に求めていたそうです。

南塚　そこで自民党の大衆集会に注目したのですか。

伊集院　そうです。一二月八日深夜から翌九日夕方までにどのような準備が自民党の中でなされたのか。一日で数千人の動員体制をとり、数千本の日の丸の小旗を用意することは、前もってかなり周到な準備をしていなければ実現できるものではないでしょう。しかも、この夜の聴衆約四五〇〇人という具体的数字は自民党の発表なのです。自民党は動員数を把握していたことがうかがわれます。『産経新聞』には安倍氏が「満足そうな笑みを浮かべた」と書かれていますが、安倍氏は自民党の組織力がきちんと機能していることに「満足」したのかもしれませんね。そして、その一週間後には東京都心に再び数千人の群衆を集め、その人々に日の丸の小旗を用意しているのです。この「動員力」と日の丸の小旗を用立てる組織力はどのように形成されているのでしょうか、大変興味深い問題です。

三宅　選挙における動員という問題は重要ですね。同じく選挙についていえば、郵政民営化などの一つの争点で「敵」を設定してそこに攻撃を仕掛けるようになったのは、小泉首相からだったと思いますが、橋下徹元大阪市長や消えてしまった渡辺政党（みんなの党）もそうやって選挙で支持を集めましたね。類似の現象が、ベクトルは違っていてもイタリアやスペインでも出てきているように思います。

南塚　選挙戦術と民主主義という点で、もう一つ指摘しておきたいことがあるのです。

昨年一二月の総選挙は、選挙制度自体を政治（政局）が利用するようになったということを非常に顕著に示していました。世界的に見て、普通は、選挙は任期が来てから行われるのであって、よほどのことがない限り中途の解散はないはずです。例えば、イギリスは二〇一一年の法律で解散するケースを限定しました。任期満了によらない下院の総選挙は、その自主解散があった場合、または下院による内閣不信任決議案の可決後、所定の期間内に現政権を改めて信任するか、もしくは新政権を新たに信任する決議案が可決されなかった場合に限定したのです。これは、議会任期固定法というものです。東欧のハンガリーでも、国政選挙は四年に一度しかありません。しかし、今回の日本の選挙は大義のない解散と総選挙であって、完全に安倍政権の延命のためのものでした。したがって、投票率も最低になったわけです。

選挙制度を政権維持のための道具に使うという歴史は、世界的に見ていつ頃から始まったものなのでしょうか。イギリスが上記の法律を作ったところから見て、こういう傾向はすでに二〇世紀の末には始まっていたように思えます。新興国ではどうですかね。選挙制度の世界史的展開を考えるべきだと思っています。

3　オルタナティヴはあるか？

木畑　近年の選挙に見られるように、議会制民主主義がおかしなことになってきているとすれば、それに代わるものがあるのかという問題が出てきます。選挙で自分たちの代表者を選んで彼らに問題解決を委ねるのではなく、いろいろな問題について、自分たち自身で決定を下す直接民主制をよしとする考えもあります。現に、住民投票や国民投票はさまざまな国で行われています。例えば、議会制民主主義の本拠と目されるイギリスでも、一九七五年にその二年前に加盟したばかりのヨーロッパ共同体（ＥＣ）に残留すべきかどうかを問う国民投票が、史上はじめて行われました。その後はずっと行われなかったのですが、一九九七年にスコットランドとウェールズへの「権限委譲」をめぐる住民投票が実施され、二〇一四年にはスコットランド独立の是非を問う住民投票が行われました。また、近いうちにヨーロッパ連合（ＥＵ）残留問題に関する国民投票が実施される予定になっています。

日本では、こうした直接民主主義の動きは沖縄のような地方レベルでしかまだ出てきていませんが、首相公選制の議論なども、その系譜に属するといえるでしょう。私は、直接民主主義、特に下からの発議により直接民主主義を生かしていく可能性を考えながら、選挙に基づく議会制民主主義を改めて活性化させるための工夫をしていくべきだろうと思っています。

三宅　民主主義の下で選挙制度をどうしていくのか。これは身近なところの政治的共同体から考えていく以外にはないのではないでしょうか。この点では、二〇一四年総選挙での沖縄の経験[*1]が、日本列島や東アジア全域でも大きな意味を持つのだろうと思います。選挙制度の現状や投票率の低さは、言うまでもなく大問題です。裁判所で違憲状態という判決がこれほど何度も出されている国はあるでしょうか。

また、若者の投票率が低いのは、「投票してもどうせ変わらない」という発想からのようですが、変わるか変わらないかよりも、自分たちの政治だというように感じられるしくみにしなければならないのだと思います。その際に大きいのは基礎的な自治体のありようだと思います。「平成の大合併」で、議会にしても、役所にしても、住民生活に近いところから離れていったけれども、日常的に手の届く範囲で政治的共同体を再構築することが重要だと思います。これは日本に限らない問題なのではないですかね。このことに関連して、納税を単なる義務ではなく権利として位置付ける営みも必要だと思います。政治的共同体をどう作っていくのか、適切な納税とその使途を決めるのは、私たちの権利でもあります。

南塚　民主主義が単なる制度や手続きになってしまったのではないかとい

＊1　沖縄においては、四つの選挙区すべてにおいて野党が勝利をおさめた。これは普天間基地の辺野古移転に反対する沖縄の民意を反映した結果と考えられる。

う議論は、世界史的に見ても二〇世紀の初めから展開されてきていて、ロシアのソヴェト（評議会）もそのオルタナティヴ（代案）であったわけですが、それも実効的ではなかったのですね。ロシアのソヴェトは労働者や農民や兵士がその職場で直接的に選ばれる代議員を通して、みずからが立法と行政を行うというものでしたが、国家としての複雑な立法・行政の機能を担うにはシンプルすぎたというべきでしょう。しかし、手続きとしての民主主義へのオルタナティヴは必要で、三宅さんはそれを新たな「政治的共同体」に求めようというわけですね。

三宅　そうです。

小谷　これまで先進国を前提にした議論が続いてきていますが、ここで、途上国を中心とした選挙と民主主義との関係について、インドを例に述べてみたいと思います。

民意をできるだけ正確に反映するのがよい選挙制度だとする、いわば「古典的」な選挙制度観に立つとしますと、インドの選挙制度はその一つの実験的試みということができると思います。それは、いわゆる議席の留保制度（リザヴェーション）で、一定数の議席を特定の「社会集団」に留保（リザーヴ）する、割り当てるという制度です。インドは連邦共和国ですが、連邦下院（ローク・サバー）の場合、「指定カースト」（ほぼ、旧不可触民諸カーストに対応）と「指定部族」（主に山間に居住する部族民）にそれぞれ議席が留保されています。各州議会の場合は、州によって異なりますが、「指定カースト」、「指定部族」以外に、「他の後進諸カースト」や、さらには女性に一定数の議席が留保されている州もあります。

この議席の留保制度の根底には、各「社会集団」に人口比に見合った議席数を割り当てることによって、議院にインド社会全体としての意見分布、すなわち民意が公平に反映されるであろうという考え方があります。しかし、この考え方には大きな問題点もあります。「社会集団」といっても、決して実体的なものでも、一枚岩的なものでもなく、それぞれの内部にはいろいろな対立も含まれているからです。したがって、ある「社会集団」に留保された議席で当選した者が、その「社会集団」を全体的に代表しているという保証はありません。さらに、「社会集団」が主としてカーストを単位としているところにインドに特有の問題があります。

このように、議席の留保制度によって議院に民意を公平に反映させるという考え方には、やはり無理があるように思います。ただ、このような日本では考えられないような選挙制度もあり得るのだということを知っておくことには意味があると思います。

南塚　一回目の座談会では、小選挙区比例並立制の問題を少し論じましたが、こういうリザーヴ制は、在日の人々への選挙権の問題にもつながるのだと思います。

4　選挙と主権

南塚　昨年の選挙ののち、佐伯啓思氏が、選挙と民主主義について重要な発言をしていました。[*1] 彼は、「国民の意見を政治に反映させることを無条件でよしとする、戦後民主主義の考えは間違っている」というのです。「選挙はただ政権の正当性を保証するための手続き」にすぎないと。だから、政権の個々の政策はどうでもよくて、政権自体が「正当化」されることになるわけです。すると、選挙は権力が「利用」すべきものだということになります。確かに投票率は低いし、選挙はさまざまな形で「操作」されていますから、選挙で国民の意思が反映されると考えるのはもはや「幻想」かもしれません。でも、選挙結果に国民の意思が反映されるようにする努力を、軽視どころか「無用」として、「選挙はただ政権の正当性を保

＊1　「（安倍政治　その先に）保守を考える　佐伯啓思・京大教授に聞く」二〇一五年一月六日付『朝日新聞』。

証するための手続き」でしかないというのは、どうですかね。

しかし、こういう具合に一九世紀からの選挙観は、世界的にも揺らいできているように見えますね。そして、安倍政権はこういう論理の上にあるようです。世界史的に新しい時代を画したのでしょうか。

三宅　佐伯氏は「主権」ということをどう考えているのですかね。

南塚　三宅さんの指摘はポイントをついていますね。

佐伯氏は、著書『従属国家論』において、「国家主権」ということを重要な問題として取り上げているのです。それは一七世紀にイギリスのホッブズがその政治哲学書『リヴァイアサン』ではじめて体系的に説明したものだといいます。よく知られているように、ヨーロッパで、宗教的権力や地域的権力に対して国王の権力が打ち立てられようとするとき、はじめは「王権神授説」[*1]によっていたが、ホッブズは社会契約説を取り入れて、王権の権力を説明したわけです。そしてその権力は「主権」と意識されることになりました。ここまではいいと思います。だが、佐伯氏によると、この「主権」を持つものの最大の義務は「国民の生命・財産を守ること」であるというのです。だから、君主国の場合は、君主がこれを守る義務があったが、国民主権の国では、これは国民自身が守らなければならないのだ

＊1　王の権力は神から授けられたもので神聖であり、人民の抵抗は認められないとする説。ヨーロッパ絶対王政の理論であって、やがて社会契約説の挑戦を受ける。

から、国民が武装する市民武装によって、これが守られるのだというのです。こういう具合に佐伯氏は、主権ということを具体的には「武装組織」ととらえていくのです。

木畑　ホッブズは一九九〇年代から世界的に見直されてきているように思います。しかし、「国民の生命・財産を守ること」を主権の最大の義務とする佐伯氏のホッブズ理解は、どうも一面的なような気もします。

南塚　確かに、ホッブズ的な主権の考え方は、ヨーロッパの政治思想の一面をとらえているにすぎず、このホッブズの主権論を批判して出てきたロックやルソーの人民主権の考え方を無視するものです。ロックやルソーによれば、人民主権こそが国家の政治の源泉であり、政府が統治する際の根拠であるということになります。これが議会制民主主義の根拠となるわけですね。しかし、佐伯氏はこの人民主権説を無視するだけでなく、主権の内容も生命・財産の保護として一面化しているのです。生命・財産の保護のためなら、議会制や民主主義にこだわる必要がないというのでしょうね。

百瀬　しかし問題な考え方ですな。

南塚　しかも、佐伯氏によれば、日本の「戦後レジーム」も日本に主権のない状態ということになります。戦後直後の占領状態というのは日本に主権のない状態であり、主権を持たない国民が憲法を作ることは「憲法違反」だというのです。だから結局「見えない主権者」であるGHQが憲法を制定したが、そこに盛り込まれた政治理念はアメリカの自由と民主主義であって、主権者とされている国民が選んだ理念ではない。以後、日本は主権のない状態で戦後を過ごしてきているのだというのです。これだと、戦後に連合国軍の占領下にあった西ドイツの「基本法」も、「憲法違反」だということになりそうで、戦後の世界史をいろいろとひっくり返さねばならないわけです。これは佐伯氏の考えですが、戦後体制を否定する安倍政権の考え方と何らかの類似性が感じられてなりませんね。

IV 情報化社会と安倍政権

南塚　第一回座談会でも情報化・情報操作の問題は論じましたが、改めて、情報化社会における人間の意識や思考と行動を考え直し、それと権力との関係を考え、安倍政権の特徴をあぶり出してみたいと思います。

これまで歴史学は、人間は個人にせよ集団にせよ、自己とその状況について、さまざまな意識や認識（無意識のものから虚偽のものまで）を持つにせよ、「最終的」には、一定の「現実的」な認識を持ち、それに基づいた思考と行動を行うということを前提としてきていました。しかし、情報化社会は、このような歴史学の前提を掘り崩してきているのではないかと思われます。木畑さんも、議会制民主主義は、「合理的な判断力を持って政治に参加しようとする市民」を前提としていると言っていますが、はたしてこれが揺るがされていないか、気になるところです。

1　情報化社会の中の人間

南塚　情報化社会における人間の思考と行動について、基本的な問題を整理したいと思います。

一九八〇年代からのＩＴ革命によって、情報が氾濫し、多様な量と質の情報がいとも簡単に人々に届くようになりました。このことが人間社会に対して持つ意味は何なのかという問題です[*1]。

まず、発信者について見ます。情報化社会における発信者は、必ずしも明確に特定された主体ではなく、匿名の主体であることが多いわけです。そこに、発信の無責任性や倫理埋没という問題が発生します。そのことはこれまでも情報倫理の問題として意識されてきました。同時に、主体の匿名性は、情報の利用によって人々を操作することを可能にします。これは権力の側からも、その批判勢力の側からも可能なのですが、とりわけ権力は、情報の管理と操作の強化を行う上で、有利な立場にあります。安倍政権はこの点で抜きん出ています。ＮＨＫ「クローズアップ現代」問題、テレビ朝日「報道ステーション」問題に見られる通りです[*2]。だが、これは勇

＊1　参考：私立大学情報教育協会『情報倫理概論』一九九五年(http://www.juce.jp/LINK/report/rinri/mokuji.htm)。

＊2　一一三頁の注1・2を参照。

み足をも招くわけで、最近の籾井勝人ＮＨＫ会長の言動などの例に現れています。一方で、権力の管理強化により、メディアが委縮しているのが現実です。私は「情報戦争」という言葉を使ったことがありますが、そういう事態は一九八〇年代から世界的に生じているのです。

次に、受信者の側を見てみます。いかにして人々は操作されるのかという問題にもつながる点です。社会学者が指摘するように、情報化社会では価値の多様化が急速に進み、共通の価値観が生まれにくく、「決まった価値などないのだ」「守るべき価値はないのだ」という意識を生み出します。そのような価値の多様化のために、人々は思考を放棄し、一律的な思考をよしとし、その結果、個人的生活や思考の類型化が進むのです。「皆と同じでいいや」「皆からはずれるとまずい」というわけです。そういう中で人々は、不適切な、根拠のない情報も無批判に受け入れてしまいます。「何でもいいじゃないか」というわけです。このように情報過多の中での「判断放棄」、短期的視野（目先の利害）、情緒的反応、大勢迎合が起こるのです。

この思考放棄には心理的な背景があるのではないかといわれています。情報化社会では、人はブラックボックスにいるような不安に襲われるといいます。機械、つまりパソコンとの対話による没人間的関係の中で生まれる深刻な人間疎外によるものです。この人間疎外は、大勢迎合によって克服されるというのです。

ところで、このような思考放棄、一律思考、無批判的思考は、それだけでは権力による操作にはつながらないのです。それは、「皆と一緒にデモにいこう」という形も取り得るし、「デモのような、皆と違ったこと、目立つことをしない」という方向にも向かうからです。そこで情報化社会では人々を取り合う「情報戦争」が繰り広げられるのです。

情報化社会では、強い主体性を持ち、批判的思考のできる人以外は、極めて操作されやすくなっている。こういう個人や集団を歴史学は対象としなければならないのです。これは日本だけの問題ではなく、一九八〇年代以来の世界史の問題であると言っていいと思います。

小谷　情報操作は一九世紀から見られたのではないかな。少なくとも一九三〇年代から顕著だったように思うけど。八〇年代以降とどう違うのですかね。

南塚　確かにそういう問題はあります。八〇年代以降の特徴は、一つには、三〇年代と比べて情報の浸透度が違うことです。宇宙衛星なども使って、地球の裏側まで情報を浸透させるのですから。第二には、諸学問の成果も活用して、組織的に情報操作の方法が研究され、駆使されていることです。第三には、さきほどの機械との対話による人間疎外が生じていること、そして最後に、下からの情報対応という面も重要になっていることなどでしょう。三〇年代は一方的な情報操作でしたからね。

伊集院　人々の意識を調査し、それを統制しようという動きは、世界史的に見ていつ生まれて、どのように発展してきたのでしょう。例えば一七世紀のホッブズあたりが注目されます。彼は、『リヴァイアサン』の中で、「力があるという評判は力である。それは保護を必要とするひとびとを引き寄せるからである。また、国を愛しているという評判（つまり民衆に好まれること、ポピュラリティ）も同じ理由から力である」[*1]と言っていますが、これは、実際は力がなくても、力があるという評判が力を生み出すという意味です。これは、つまるところ、宣伝の作為的・戦術的なからくりを明かしているように思えます。

二〇世紀に入って、ヒトラーは『我が闘争』で「大きな嘘には常にそれは本当だと思わせるような要因があるもので、広範な普通の人々はみずから意識している以上に心底から腐りきっており、みずから邪悪に身を委ね、

＊1　永井道雄・宗片邦義訳『世界の名著23　ホッブズ リヴァイアサン』中央公論社、一九七一年。

ときには彼らのお人好しな心根から小さな嘘よりも大きな嘘の餌食になるのである」[*1]と言っています。このような広範な民衆心理の「弱点」を突くヒトラーの手法は、一六世紀イタリアのマキアヴェリが『君主論』で、君主は「絶えず大きなことを成し遂げ、さらに計画した。そのため臣民はははつねにあっけにとられて、感服してしまい、彼の事業に夢中になってしまった」と述べていることとも共通するように思われます。マキアヴェリは、民衆とは「大きなこと」を行う君主の術中にいとも簡単にはまってしまうものであり、「加害行為は一気にやってしまい……恩恵は小出しにやらなくてはならない」、なぜなら「それだけ人を怒らせなくて済むからだ」[*2]と人間の心理を巧みに突く近世イタリアの政治手法を論じているのです。

南塚　ルネサンス期に、人間社会の出来事が神の摂理の結果ではなく人間自身のなせるところによると考えられるようになったとき、その人間をどう操作するかということが問題になったわけですね。それが、一九世紀、二〇世紀と積み上げられてきて、二一世紀の情報化社会といわれるような時代を迎えた。その中での政治のあり方を考えていかねばならないわけです。

＊1　前掲、Hitler, *Mein Kampf*。訳は引用者。

＊2　池田廉訳「君主論」会田雄次編『世界の名著16　マキアヴェリ』中央公論社、一九六六年。

2 情報操作・世論操作

伊集院 世界史における情報操作・世論操作の問題を考えるとき、やはりまずヒトラーのそれを考えるのがいいと思います。

ナチスの運動において、宣伝は重要な意味を持っていました。ヒトラーは大衆集会がナチ党の運動を広げるのに強力な宣伝力を発揮することに着目し、地域支部に対してきめ細かな指示を与えています。例えば、最初の集会を行う場所は決して大きな会場にしてはならないこと、まず何人かの党支持者が時間前に会場に入って雰囲気を盛り上げ、別の何人かがやや遅れて入場することなどを指示するとともに、集会の実施について、詳細な点に至るまで注意深く準備することを求めました。また、ヒトラーは、宣伝機関の設置と、宣伝活動に最も効果のある日刊紙の発行を重視しました。そして、それらの宣伝をさらに効果的にするために、暴力組織として突撃隊を活用しました。

南塚 宣伝活動のキーパースンはゲッベルスでしょう。

伊集院 そう。ヒトラーの下で情報相を務めたゲッベルスが一九三四年に出版した『ベルリン獲得の闘い』[*1]は、ゲッベルスの宣伝家としての実像を知る上で最適の書物です。ゲッベルスの宣伝にとって重要な意味を持ったのは街頭でした。「街頭宣伝の権利」をマルクス主義から奪って大衆を獲得することが必要だと考えていました。すでに一九二七年に、ルールでの会議でゲッベルスは「街頭を制するものはいつか必ず国家を征服する。なぜならあらゆる政治や独裁は街頭にその根を張っているからである」と演説していました。

その宣伝の手法ですが、一九二八年に、彼は次のように言っています。「宣伝が荒っぽすぎるとか、あまりに卑劣で野蛮だとかまともでないとか、そんなことは誰も言うことはできない。……宣伝がまともであったり、穏健であったり、柔和で控えめである必要はまったくない」「宣伝は常に目的に対する手段である。宣伝は成功するか否かが問題である」「宣伝は知的なものではなく、大衆的な力を持つものでなければならない」「指導者は大衆によって偉大になる。大衆が増えれば増えるほど、真の指導者は大衆をしのぐようになり、ついには大衆をひきずってゆく。大衆とは弱く、怠惰で臆病な人間たちの集団である」[*2]。ゲッベルスはまた、宣伝の単純さを重視しました。物事を複雑なものから簡潔なものにすることが宣伝家の

＊1　Paul Joseph Goebbels, *Kampf um Berlin: der Anfang*, Zentralverlag der NSDAP, München, 1934 (www.exposingcommunism.com/Kampf_um_Berlin.pdf). 日本語訳は未刊。訳は引用者。

＊2　Rede vom 9. Januar 1928 (Joseph Goebbels) - Metapedia. 訳は引用者。

腕の見せどころであって、宣伝が単純であればあるほど効果が上がり、大衆の最後の一人までもとらえるなどと述べているのです。これらのゲッベルスの認識は、ヒトラーの『我が闘争』の宣伝に関する理論と本質的に一致しているのです。

南塚　政権を獲得してからどういうことをやったのですか。

伊集院　一九三三年一月の政権獲得後の宣伝について、ゲッベルスは三五年に次のように述べているのです。「宣伝は（第三帝国でも）毎日食事のように必要なものである。それは宣伝が国家を維持し、常に国民を国家に結びつける力だからである」[*3]。ナチス政権の下で彼は宣伝相に就任し、宣伝の組織化を開始しました。

まず、一九三三年四月、彼は成立したばかりの「第三帝国」を非難する「国際的なユダヤ人の権力」に対抗するためと称し、ユダヤ人を組織的に排斥しました。五月には、ベルリンのオペラ広場にあちこちの図書館からユダヤ人の書いた書物やマルクス主義の文献、二万冊以上を引っ張り出させ、これに火を放ちました。同年九月から、彼はあらゆる表現手段に対する統制を進めました。「文化人」の国家的な矯正組織としての帝国文化院[*4]を法制化して、文化事業に携わるすべて――詩人、俳優、美術家、植字工、

＊3　Joseph Goebbels, "Wesen, Methoden und Ziele der Propaganda (16. 9. 1935)," (http://pressechronik1933.dpmu.de/dokument-joseph-goebbels-wesen-methoden-und-ziele-der-propaganda-16-9-1935/). 訳は引用者。

＊4　一九三三年九月設立

音響効果師、切符の売り子、レコード店員まで――を統括し、これらの分野で仕事をするには、帝国文化院の会員でなければならないとしました。帝国文化院は同年一一月に発足しましたが、音楽分科会の責任者にリヒャルト・シュトラウスやフルトヴェングラーがいたことはよく知られています。なお、ゲッベルスは、第三帝国においてラジオ放送を重要視したという説もありましたが、最近の研究ではラジオ放送では娯楽性の高いものが増えたのだといわれています。

南塚　なるほど。こういう宣伝の位置付けと技術は、今日の世界各国の権力者によって広く学ばれているものと考えなければなりませんね。安倍政権においてもそうでしょう。これはあとで考えることにして、木畑さん、イギリスではどうですか。

木畑　イギリスでは最近、非常によく読まれていた大衆雑誌である『ニューズ・オブ・ザ・ワールド』による極めて大規模な盗聴事件が問題になりました。政治家や芸能人など、数千人の電話を盗聴していたという事件ですが、問題は、盗聴に関係していた人物が、キャメロン首相の主任報道官に任命されていたことです。首相の主任報道官は、まさに権力者の宣伝活動の中軸となる存在です。当然彼は辞職しましたが、他方でこの問題を告発した記者が死亡し、死因が特定できないといった事態も起こっており、どうもきなくさいものを感じます。

藤田　イスラエル国内の情報統制は行き届いているようで、イスラエルのことはイスラエル国内にいるとわからないといわれています。だから国民は真相を探ることをあきらめていて、官制の情報で満足しているようです。そうなると怖いですね。

南塚　情報操作に関連して、世論調査というものの歴史的な意味についても考えてみましょう。アメリカでは一九三〇年代のギャラップの世論調査*1以来、さまざまな形で世論調査が行われているわけですが、日本でも今、いろいろなメディアが世論調査を行っている。この結果を政権の側でも随分と気にしているようですが、それでも、世論調査の結果は選挙結果とはずいぶん違っていて、世論調査というものをどう考えるかということは、きちんと整理しておかねばならない問題です。

木畑　これは日本だけの問題ではなくて、イギリスでも今年の総選挙の結果は世論調査の結果とは全然違った。スコットランド独立派の勢力がもっと強いと予想されていたのに、実際にはそうではなかった。実は、一九九二年の総選挙のときにも同様のことがありました。今度が二度目になりま

＊1　アメリカのジョージ・ギャラップが一九三五年に世論研究所を設立して、抽出調査による世論調査を始めた。一九三六年の大統領選挙でのF・ルーズヴェルトの勝利を予測して注目された。

すが、こんなにはずれることもめずらしい。しかし、その原因についての説明は難しいと思います。

小谷　今年一月のギリシャ議会選挙もそうだよね。

南塚　世論調査の結果を見て、それを計算に入れて投票をするから、事前の調査と選挙結果が食い違うのかな。そもそも、ギャラップの世論調査が始まったのが一九三五年ですから、ヒトラーが国民を情報操作で捕捉しようとしたのと同時代であり、この時代の重要さがわかるような気がします。それはともかく、世論調査も、訪問形式でいくか、電話でやるか、電話も固定電話で済ますか、電話先をどう決めるかなどのほか、どういう質問を立てるか、そのコンテクストをどうするかなど、いろいろな問題がありそうです。それも一九三〇年代以来、変化してきていて、やがてはインターネットでの調査になるでしょう。するとまた新たな問題が出てきそうですね。現在でもメディアによって、世論調査の結果は大きく違っているのですから。われわれとしては、そういうものの結果は、鵜呑みにするのではなく、どういう方式で得られた結果なのかを批判的に検証して受け取る必要がありますね。

3　安倍政権の情報政策

南塚　さて、安倍政権における情報操作・世論操作について、もう少し考えてみましょう。

伊集院　斎藤貴男『民意のつくられかた』[*1]は現代の日本政治における「広告」について詳しく論じていて、同氏の意欲的な取材に基づく豊富な実例は極めて説得的だと思います。例えば、一九九七年に京都で開催された地球温暖化防止会議で、環境省の「京都議定書目標達成計画」策定の最前線にいた土居健太郎氏への取材は印象的ですね。土居氏は、「国にとって政策は商品です。国民に売っていく商品。その手段が広報であり、広告でしょう。少ない予算で大きな効果を得るためには〝てこの原理〟が必要です。まわりを巻き込む。企業や民間団体の運動と連携し、情報発信の同期的展開を図って、社会的なうねりを作っていく戦略です」と言ったというのです。本書は、小泉内閣の際に、郵政民営化をめぐってアメリカの保険業界が動いているという情報を掴んだ政治評論家の森田実氏が、その具体的な情報を自分のホームページに示したところ、たちまちテレビ番組のレギュ

＊1　岩波書店、二〇一四年。

ラーを下されたとも伝えています。森田氏は「竹下（登）政権のころから、政治家の質が明らかに変わってきました。……それでも、政治家の圧力だけではこうまでうまく排除できません。やはり電通なのだとおもいます」と述べています。

斎藤氏によれば、広告業界が国策広報に関心を高めているのは、広告市場の急速な縮小のためです。例えば、電通がまとめた二〇〇九年二月の調査では、二〇〇八年における日本の総広告費は約六兆六九二六億円、対前年比で四・七％減だったというのです。ことに、新聞・雑誌・テレビ・ラジオを合わせたいわゆる「マスコミ四媒体」の広告費の減少が目立ち、対前年比七・六％減だったそうです。こうした状況の中で、広告会社が国策の宣伝に新たな市場を見出そうとしたのも当然だと思います。その結果、国策の「広告主」として、政府・官僚あるいは政治家がメディアに大きく介入する傾向は一層強まるでしょうし、結果として広告会社のビジネスマンがそれに呼応し、国策に国民が巻き込まれるのは当然だと考えられます。

藤田　二〇世紀から二一世紀の交代期に、インターネットが急速に普及した。従来のテレビや新聞、雑誌・ラジオによる広告が減り、それに代わってインターネットが広く利用されるようになった。この構造の変化が、広告を流す側のやり方にも大きな影響を及ぼしていると思いますね。

南塚　安倍政権は広告を使って情報化社会の特徴を見事に生かしていると思います。社会学者の西田亮介氏の話によれば、「現在は圧倒的に自民党と安倍晋三首相の官邸が技術を蓄積し、巧みにメディアに影響を与えてい」るというのです。[*1] 西田氏によれば、「日本で政治にマーケティングやPRが積極的に採り入れられたのは、二〇〇〇年代前半で、当時は自民党と民主党が互いにその技術の進化を競っていました。自民党は、一九五〇年代から、日本の大手広告会社を使ってきました。このため、民主党は米系大手PR会社と契約して、対抗しようとしました」。やがて自民党は二〇〇五年の郵政選挙で圧勝したので、党内では「ポピュリズムのデザイン戦略がお墨付きを得」て、「野党転落後にはネットの活用にも注目し」てきました。そして、「政権復帰後も、トゥルース・チームを立ち上げ、IT企業や広告会社などの力を結集してネット上の言語を分析・監視し、着実に戦略を進化させ続けてい」るというのです。

このような情報操作という点で、二〇一四年の総選挙はその成果が現れた選挙で、こうした情報操作が目立ち、いわばマニピュレーションの時代の選挙であったと言うことができます。選挙において、政権党が都合のい

＊1　「政治権力とメディア」二〇一五年四月二八日付『朝日新聞』。

い争点を決め、都合の悪い争点を隠すなど、多様なマニピュレーションが駆使されたのです。また、集団的自衛権や安保関連法案を議論する際に事態を極めて図式的に示す「図版」が活用されたり、「未来小説思わせる『平和』の名称」[*1]を安保関連法案につけたのも、情報操作の有力な手法であったわけです。

こういう権力による情報操作という点で、安倍政権は世界史の流れの上にあって、それを巧みにフル活用しているのですね。しかし、安倍政権の下では、単なる情報操作だけでなく、さらに情報統制、あるいは情報誘導というべきものも活用されているようです。

三宅　安倍政権は情報統制というか、情報誘導に極端に熱心です。第一次内閣で失敗したから、小泉内閣の情報担当秘書官だった人を重用したりもしているようです。ＮＨＫへの露骨な政治介入は続いているし、公共放送と国営放送の区分もできない人が会長に居座っているありさまです。また不況による内需縮小の下、広告代理店にとって、政府による官需が重要なことは伊集院さんのご指摘の通りだと思います。

日本の情報統制ですが、最近、メディア史研究者によって戦時下の実情がずいぶん明らかになってきました。例えば、戦時下の学問統制、内閣情

＊1　二〇一五年五月二二日付『朝日新聞』声欄の投書タイトル。

報局情報官による言論統制の研究、あるいは戦時下の報道と宣伝に対する統制や一県一紙への新聞の統合政策についての史料集などが出ています。今の中国、あるいはアメリカもそうですが、統制は必ずほころびが出る。内部告発も起きます。だから特定秘密保護法で取り締まりを強化しようというわけなのでしょう。一方、情報誘導のほうもやっかいで、よくわからないことが多い。「面倒なことになるとよくないから、これはやめよう」などという自主規制も誘導の効果でしょう。

政府の情報誘導は、海外に向けても行われています。二〇一二年末から日本政府は、ワシントンの有名な会社に一億円弱の資金を払い、慰安婦問題における日本政府の立場がよくなるよう、アメリカ政府に働きかけるロビー活動に取り組ませました。二〇一四年一一月に、マグロウヒル社の教科書に慰安婦問題を書いた歴史学者に対して、記述を是正するよう日本の外務省から圧力がかけられたのも、こうした中で行われたわけです。アメリカのアジア研究協会（ＡＡＳ）会員に対する個別の働きかけや圧力も同じ文脈のものだと思います。当然ですが、こうした行動は、アメリカの日本研究者の強い反発を招くことになりました。今年三月にシカゴで開催されたＡＡＳの年次大会に際して起草された“Open

Letter in Support of Historians in Japan”に短期間にさまざまな立場の研究者が署名したのは、情報誘導や圧力を許さないという怒りの結果だと思います。ただ、気になるのは、アメリカでのロビー活動は、野田佳彦内閣のときから始まっていたことです。安倍内閣だけでなく、日本の官僚機構のこうした情報誘導は大きな問題だと思います。

小谷　“Open Letter”というのは、今年五月の「日本の歴史家を支持する声明」つまり「一八七人の声明」のことですね。あれの背景について少し話していただけませんか。賛同者に三宅さんの知り合いがたくさんおられるようですが。

三宅　きっかけはやはりマグロウヒル社教科書問題でしょう。外務省だけでなく、産経新聞社も抗議をしているのが注目されます。

それ以後、アメリカの日本研究者へ各種の働きかけが行われ、教科書の執筆に歴史修正派の歴史家を推薦したりすることがあったようです。そのような動きから、日本研究者たちは日本での歴史家に対する圧力を体験的に「連想」することになりました。彼らは「日本にいる研究仲間は政府の財政援助を受けるために、ある種の問題を扱えない、と言っている」ことを聞いて驚いたりしたようです。そして、「ジャーナリストに対する脅迫が起きているとの報道に困惑し」、「とっくに撤回された記事にまつわる激しい朝日新聞たたきも話題になっ」たようです。そして、「日本の政治の世界において、『慰安婦』制度の犠牲者に対して無神経な意見を頻繁に聞くように」なって、「日本の状況全体が不寛容に向かっている」ように感じたようです。「一定のテーマに関する客観的・歴史研究がしづらくなりつつある日本の現在の状況」は「数年前と比べても大きく異なって」いると考えて、声明を出すと決めたとのことです。[*1]

賛同者は、アメリカを中心にした英語圏からヨーロッパなどにも広がっています。もっと広がるでしょう。私が聞いたところでは、安倍首相の戦後七〇年談話に影響を与えられるとは思っていないが、次の時代のことを考えて声明を出そうということになったそうです。こうした点はグローバル化のよい面でしょう。学問研究は、日本研究でも完全に国境を越えてきていますから。

木畑　なるほど。情報操作は一国にとどまらず、まさにグローバルなのですね。そして、グローバルな抵抗も受ける。

南塚　情報操作の媒介となるメディアについても、先の西田氏は警告していますね。メディアが有効な対策を立てる前に、権力はメディアへの規制

＊1　ピーター・エニス「『187人声明』は、〝反日〟でも〝反韓〟でもない　実現しなかった『読売新聞への独占提供』」二〇一五年五月一六日付「東洋経済ONLINE」。

や圧力を強め、「一部のメディアを選別する分断政治」を行っているとし、「政治のメディア戦略がメディアの権力監視機能を上回っている」と警告しているのです。[*1]

このメディア戦略に関連して思い出されるのは、『ニューヨーク・タイムズ』などでの安倍批判が日本でほとんど報道されないという点ですね。『ニューヨーク・タイムズ』は、安倍政権発足時から「安倍氏とそのグループ」に警戒の声を発し、その政策に批判的な論調を展開していますが、それらは日本のメディアでほとんど報道されていないのが不思議です。『ニューヨーク・タイムズ』は、第二次安倍政権の成立以来、「歴史を否定する試み」や「無用なナショナリズム」や「危険な修正主義」に警告を発し、メディアを窒息させようという動きを批判し、「平和憲法」を「改正」しようという安倍首相の動きに注目しています。[*2] 外国からはこう見えるということを、日本のメディアはきちんと伝えるべきではないかと思うのですけどね。『ウォールストリート・ジャーナル』についても同じです。これは「規制」のせいなのかと疑わざるを得ないですね。

小谷　やはりどこかで抑制が働いているのだろうね。

南塚　情報規制にどう対応するかという点では、ジャーナリストの池上彰

＊1　二〇七頁の注1を参照。

＊2　同紙に関連記事が掲載された主な日付は以下の通り。Jan. 2, 2013; Mar. 2. 2-14; Apr. 28. 2014; Apr. 26. 2015.

氏が、『朝日新聞』の紙面批評欄「池上彰の新聞ななめ読み」で、同じ事件（例えば、皇太子の憲法への言及や安保関連法案）[*3]についての『朝日』『毎日』『読売』等各紙の扱い方を比較していて、大変おもしろいのですが、あのようなやりかたも、ある種の「連帯」を生み出すので、メディアの規制克服にはいいかもしれませんね。

三宅　この情報化社会において、私たちがさらに進めるべきことは、研究者を含めて、市民社会のレベルで諸国・諸地域の人々との交流を広げ、相互理解を強めていくことでしょう。そのような相互理解の中で、それぞれの政府のおかしな動きに対して、相互に協力して発言していく。そうした営みを歴史学の分野からどれだけ進められるかが、問われているように思います。

第二回座談会を終えて

小谷汪之

第二回座談会は、第一回座談会で出されたいくつかの論点をさらに深めるために企画されました。

＊3　「皇太子さまの会見発言　憲法への言及、なぜ伝えぬ」（二〇一五年二月二七日付）、「安保関連法案　世論調査『設問』の重要性」（二〇一五年八月二八日付）。

その一つは国際連合（国連）をめぐる問題です。今日、国連が世界平和の実現のために期待されている機能を充分に発揮し得ていないということは誰もが感じていることです。その原因はいろいろあるでしょう。超大国アメリカが国連を軽視し、ともすれば国連の頭越しに単独で、あるいは同盟国を巻き込んで、軍事行動を起こそうとすること、このことが国連をしばしば機能不全に陥れるといったことがあります。

しかし、問題の根はもっと深いところにあるでしょう。座談会で話題になった国連憲章の「敵国」条項はその象徴的な現れです。国連憲章にいう「敵国」とは、「第二次世界戦争中に、この憲章のいずれかの署名国の敵国であった国」（国連憲章第五三条二）ということで、日本も当然「敵国」に含まれます。要するに、国連は第二次世界大戦の戦勝国が結成した国際組織という性格を、戦後七〇年がたった今もなお、払しょくしきれていないのです。

国連との関係で、座談会で大きな論点となったのは集団的自衛権の問題です。第一次世界大戦の未曾有の惨状を経験したヨーロッパ諸国の間で、集団的に戦争を阻止する方策が模索され始め、国際連盟において集団安全保障の考え方が出されたり、不戦条約の締結といったことが行われました。

それでもなお、第二次世界大戦を阻止することができなかったわけで、戦後に結成された国連では新たな安全保障の枠組み（安全保障理事会など）が作られました。それと同時に出てきたのが集団的自衛権だったのですが、座談会で詳しく語られているように、この集団的自衛権がいまや大国による軍事行動を正当化する役割を果たすようになってしまったのです。そして、日本もついにその仲間入りをすることになったのです。

国連にかかわる最近のもう一つの問題は、ユネスコの世界遺産や世界記憶遺産をめぐる紛争です。「明治日本の産業革命遺産　製鉄・製鋼、造船、石炭産業」の世界遺産認定の動きに対して、韓国が強く反発したこと、「南京大虐殺」に関する資料が世界記憶遺産に認定されたことに対して、日本政府や自民党の一部から、ユネスコ分担金の不払いを主張する声が上がったこと、シベリア抑留に関する資料が世界記憶遺産に認定されたことに対して、ロシア政府が強く批判したこと、これらのことは歴史にしろ、文化財にしろ、あらゆるものが国連を舞台とした国際紛争のタネになることを白日の下にさらしました。

第二回座談会では、一九世紀以来の近代国民国家のあり方やそれらが形成する世界体制、特に第二次世界大戦後の戦後世界体制の問題がしばしば話題になりました。今日、日本を取り巻いている国境や領海の問題は、いずれも近代国民国家とそれらが形成する国際体制の中で発生したものです。ということは、近代国民国家の論理やそれに基づく今日の国際法の法理では、これらの問題を解決することは難しいということになるでしょう。それで、座談会では、このような近代国民国家や国際関係とは異なる、別の国家のあり方や国際関係のあり方の可能性を世界史の中に探ろうとする議論も行われました。

世界史は、決して一本道を通って現在に至っているのではありません。世界史にはさまざまな脇道があったのであり、それらの中には、今改めて評価し直すに値するものもあるでしょう。国家や国際関係のあり方をめぐって、そのような世界史の脇道の持つ可能性を発掘することも歴史学の一つの任務なのです。

第二回座談会におけるもう一つの大きな論点は、選挙と情報操作という問題でした。

公正な選挙により民意を正確に国政に反映させることが民主主義の根幹だという理念を揺り動かしてしまうような状況が起こり始めているようです。小選挙区制度が、大政党に、得票率に比較して過大な議席を配分する傾向を強く持つことなど、選挙制度にももちろん問題があるのですが、それ以上に大きな問題は選挙における情報操作の問題です。選挙には金がかかるということは昔からいわれてきたことですが、近年の情報革命の中で、選挙にはますます金がかかるようになってきました。情報を金でばらまく、情報を金で操作する、そのようなことのできる経済的条件を持ち、技術的ノウハウを持つ政党が選挙を有利に戦うことができるのです。

このような状況において、今改めて問われているのは、選挙民の側がそのような情報に対してどう向き合うかということです。政治的主体性を持った近代的市民としての選挙民という理念そのものが揺らぎ出している中で、情報化時代における「現代的市民」とでもいうべき人間存在のあり方が問われているということができるでしょう。

あとがき

二〇一五年七月二五日に第二回座談会が行われたのち、八月一四日には戦後七〇年の「内閣総理大臣談話」発表、九月八日、安倍自民党総裁再選決定、九月一九日、安保関連法案可決、と事態は急速に転回し、座談会参加者の多くが危惧していた方向性がいよいよ鮮明になってきました。日米軍事同盟の強化と、その下における自衛隊の海外派遣の恐れが現実化してきたのです。

二回にわたる座談会では、ここまでに至る安倍政権の動きを、世界史的な視野の中に置いて、さまざまな角度から議論しました。改めて考えてみるならば、安倍政権のあり方には戦後世界体制の「ほころび」と言っていいような状況が反映されているのでしょう。「冷戦」の終結は戦後世界体制に若干の変動をもたらしたとはいえ、その後も戦後世界体制の大枠は維持されていました。しかし、近年、その戦後世界体制の要の位置にあるアメリカの力の相対的な後退が明らかになり、世界各地で戦後世界体制に対する異議申し立てが顕在化してきました。特に、中東地域におけるイスラム主義的な動きには今までとは異質なものがあるように思われます。それは、戦後世界体制を構成してきた近代国民国家のあり方そのものに異議を申し立てているかのように感じられるのです。

このような戦後世界体制の「ほころび」をとりつくろうこと、アメリカが安倍政権に求めているのはそのような役割なのでしょう。自衛隊の海外派兵はそのもっとも見えやすい現れにほかなりません。安倍政権が国内向けに見せる復古主義的ナショナリズムの顔も、それと矛盾するものではなく、むしろそれと表裏一体をなすものなのです。アメリカを盟主とする戦後世界体制が揺れ動きだした中で、「皇軍」に見立てられた自衛隊をその補強装置として押し出すこと、安倍政権の狙いはそこにあるように思われます。

しかし、安保関連法案に対しては、憲法学者を先頭として、多くの研究者や文化人が反対の声を上げ、国会周辺には無数の「普通の」人々が毎晩のように集まりました。海外の日本研究者からも日本の行く末を憂慮する声が上がっています。さらに、シールズ（SEALDs, Students Emergency Action for Liberal Democracy-s）の運動のような、若者たちの反安保法制の動きが急激に広がったことも近年なかったことです。今、国会は与党の絶対的多数の下、議論の府としての機能を喪失しているような状況ですが、絶対的与党といえども、いつまでもこのような民意を踏みにじり続けることはできないでしょう。それは、今の沖縄の状況が先取り的に示しているところです。

＊　＊

最後に、今回の座談会は、ＮＰＯ歴史文化交流フォーラム附属世界史研究所のイニシアティヴで企画されたものであることを申し添えておきます。同研究所の存在がなかったなら、このような座談会はなかっただろうと思われます。また、この座談会が出版されるに至ったことについては、一路舎の渡邊勲氏、それに日本経済評論社の栗原哲也社長、および編集の吉田桃子氏に大変お世話になりました。この場を借りてお礼申し上げます。

（小谷汪之）

著者紹介（五十音順）

伊集院立（いじゅういん・りつ）

1943年生まれ、法政大学名誉教授

主著：『21世紀歴史学の創造１　国民国家と市民社会』（有志舎、2012年、共著）

下村由一（しもむら・ゆういち）

1931年生まれ、千葉大学名誉教授

主著：『マイノリティと近代史』（彩流社、1996年、共著）、『戦争サービス業――民間軍事会社が民主主義を蝕む』（日本経済評論社、2008年、翻訳）

藤田　進（ふじた・すすむ）

1944年生まれ、東京外国語大学名誉教授

主著：『蘇るパレスチナ――語りはじめた難民たちの証言』（東京大学出版会、1989年）、『21世紀歴史学の創造３　土地と人間』（有志舎、2012年、共著）

三宅明正（みやけ・あきまさ）

1953年生まれ、千葉大学大学院人文社会科学研究科教授

主著：『レッド・パージとは何か――日本占領の影』（大月書店、1994年）、『世界の動きの中で読む日本の歴史教科書問題――教科書に書かれなかった戦争 PART39』（梨の木舎、2002年）

百瀬　宏（ももせ・ひろし）

1932年生まれ、北欧文化協会理事長

主著：『小国外交のリアリズム――戦後フィンランド1944－48年』（岩波書店、2011年）、『小国――歴史にみる理念と現実』（岩波書店、2011年）

編著者紹介

南塚信吾（みなみづか・しんご）

1942年生まれ、NPO 歴史文化交流フォーラム附属世界史研究所所長

主著：『新しい世界史 4　静かな革命――ハンガリーの農民と人民主義』（東京大学出版会、1987年）、『ハンガリーに蹄鉄よ響け――英雄となった馬泥棒』（平凡社、1992年）

小谷汪之（こたに・ひろゆき）

1942年生まれ、東京都立大学名誉教授

主著：『歴史と人間について――藤村と近代日本』（東京大学出版会、1991年）、『「大東亜戦争」期出版異聞――『印度資源論』の謎を追って』（岩波書店、2013年）

木畑洋一（きばた・よういち）

1946年生まれ、成城大学法学部教授

主著：『帝国のたそがれ――冷戦下のイギリスとアジア』（東京大学出版会、1996年）、『二〇世紀の歴史』（岩波新書、2014年）

座談会　世界史の中の安倍政権

2015年12月25日　第1刷発行　定価（本体1800円＋税）

編著者　南塚信吾
小谷汪之
木畑洋一
発行者　栗原哲也

発行所　株式会社　日本経済評論社
〒101-0051　東京都千代田区神田神保町3-2
電話　03-3230-1661　FAX　03-3265-2993
URL：http://www.nikkeihyo.co.jp
印刷・製本＊シナノ出版印刷
装幀＊渡辺美知子

乱丁落丁本はお取替えいたします。　Printed in Japan

ISBN978-4-8188-2411-9